FACULTÉ DE DROIT DE DIJON.

# THÈSE POUR LE DOCTORAT

Présentée et Soutenue le 22 Juillet 1867

# DE LA PROPRIÉTÉ DU SOUS-SOL

ET

# DES MINES

EN DROIT ROMAIN ET EN DROIT FRANÇAIS

3982

## Irénée GUASCO

Bachelier ès-sciences

AVOCAT A LA COUR IMPÉRIALE DE RIOM

## PRÉSIDENCE DE M. SERRIGNY

PROFESSEUR DE DROIT ADMINISTRATIF, DOYEN DÉLÉGUÉ

# A M. BONJEAN

SÉNATEUR

*Président à la Cour de Cassation.*

# MINES ET MINIÈRES

———

« L'Exposition universelle de cette année sera le grand
événement du dix-neuvième siècle, » nous disait il y a
quelque temps le personnage éminent auquel nous avons
dédié ce modeste travail.

Les témoins de ce grand événement, de cet imposant
spectacle, peuvent bien se demander où gît le secret de
tant de force et de tant de grandeur. Pour nous, nous
n'hésitons pas à le trouver en partie dans l'immense emploi qui a été fait depuis le commencement du siècle, des
substances minérales de toute nature. Les progrès de l'industrie des mines, industrie mère par excellence, ont permis à l'homme de transporter dans le monde réel les vastes
conceptions de son génie inventif et de créer la plupart de
ces merveilles assemblées qui font l'admiration du monde
entier.

Autrefois les Romains construisaient des villes tout entières en marbre, et recherchaient surtout l'or et l'argent
dans les mines. Aujourd'hui nous construisons des palais en

fonte et en fer, et nous tirons des entrailles de la terre le combustible indispensable à la mise en mouvement de toutes nos grandes découvertes.

Les trois âges du monde ont passé peut-on dire, et nous sommes arrivés à *l'âge de fer*. Dans la lutte laborieuse engagée entre les individus, le succès appartient aujourd'hui à qui sait le conquérir par le travail et la persévérance comme dans la grande lutte engagée entre les nations, le premier rang doit rester à celle qui cultivera le mieux la surface en fouillant avec le plus d'art et d'opiniâtreté le sein de la terre.

De là, la nécessité pour un pays comme le nôtre de posséder une bonne législation sur la propriété souterraine.

Nos voisins d'outre-Manche s'enorgueillissent à juste titre de leurs *black-Indies* (Indes noires) : ils ont obtenu autant de richesse et de puissance par leurs fouilles dans les comtés de Cornouailles, de Manchester et de Newcastle, que par la conquête de plusieurs millions d'hommes.

En France, nous attribuons notre infériorité dans l'exploitation des substances minérales à la richesse moindre de notre sous-sol, mais nous sentons que cette infériorité vient aussi d'ailleurs et nous cherchons peu à peu par des modifications opportunes aux lois et aux règlements, à dégager l'initiative individuelle des entraves qui s'opposent à son développement.

Encourager les explorateurs et les capitaux, faciliter les exploitations et assurer leur bon aménagement, régler les rapports du sous-sol avec la surface, conjurer par de sages mesures les dangers incessants des travaux souterrains, tel est le but multiple auquel doit tendre une bonne législation sur les mines.

Notre législation actuelle a pour base la loi du 21 avril 1810, modifiée par celle du 9 mai 1866.

L'étude de ces deux lois est l'objet de ce travail. Nous dirons avant d'y arriver quelques mots des législations antérieures, car le retour au passé est souvent nécessaire pour expliquer les hésitations du législateur toujours à la recherche du vrai et du juste.

# PREMIÈRE PARTIE

---

## DROIT ROMAIN

---

« Selon l'ancien droit romain le propriétaire de la surface l'était de toutes les matières métalliques renfermées
dans le sein de la terre. Depuis, et sous les empereurs, on
put exploiter des mines dans le fonds d'autrui, puisque la
loi régla la redevance à payer en ce cas : elle était d'un
dixième au profit du propriétaire et d'un dixième au profit
du fisc. »

Voilà en quels termes le comte Regnault de Saint-Jean-
d'Angély résume dans l'Exposé de motifs de notre loi de
1810 les dispositions du droit romain sur les mines.

A Rome, en effet, les principes de la législation sur les
mines ne furent jamais complètement distincts des principes
du droit commun, même sous les empereurs.

Le droit individuel y fut moins subordonné que chez
nous au droit social, et aujourd'hui le dernier état de la

législation romaine sur les mines nous semble un régime plus libéral que celui auquel nous sommes soumis en France.

« Dans le dernier état des lois romaines, dit Merlin, la propriété des particuliers sur les mines était constante : le droit nominal d'un dixième sur leurs produits, le droit de police sur leur exploitation, telles sont les seules restrictions que cette propriété ait essuyées de la part des empereurs ; et il faut convenir que rien n'était plus propre à concilier l'intérêt du gouvernement, qui voulait que les mines ne demeurassent pas inutiles, avec l'intérêt de la propriété privée qui voulait que chacun pût tirer de sa chose tout le profit dont elle était susceptible. »

Le mot *metalla* avait à peu près chez les Romains la même signification que le mot mines, pris *lato sensu* dans notre loi du 21 avril 1810, et embrassait les diverses substances minérales enfouies dans le sein de la terre, telles que l'or, l'argent, le fer, les carrières de pierre, de marbre, etc.

Dans les premiers temps de Rome, la législation est muette, quant aux richesses souterraines, et cela n'est pas surprenant. Le territoire de la République était peu étendu, l'industrie y était peu développée et l'utilité des mines n'était pas encore appréciée. Si quelques historiens signalent certaines mines existant à cette époque dans les dépendances de Rome, ils les montrent plutôt comme des objets de curiosité que comme des richesses exploitables avec avantage. A cette époque, le propriétaire de la surface, propriétaire du tréfonds d'une manière absolue a seul le droit de fouille et d'exploitation dans le sol qui lui appartient. Les mines sont entièrement de droit privé : le propriétaire foncier en a le domaine libre, indépendant, absolu, en un mot il les possède *optimo jure*, comme le fonds qui les recèle dans son sein.

L'industrie s'étant développée peu à peu, on trouve dans le Digeste différents passages qui s'appliquent directement aux mines, et on voit par l'examen de ces divers textes que les substances minérales étaient considérées comme des fruits (1), et même dans certains cas comme des fruits qui pouvaient renaître. L'exploitation en était presque toujours abandonnée aux particuliers dans les fonds desquels elles se trouvaient et rien n'indique que, pour exploiter les mines qui se trouvaient dans son fonds, le propriétaire ou l'usufruitier eût besoin d'une autorisation du gouvernement. Les textes des lois du Digeste ne mentionnent en aucune façon la nécessité de cette autorisation, et les divers passages qui ont trait aux mines ne s'en occupent que pour les soumettre au droit commun comme propriétés ordinaires.

« Labéon, dit Javolenus (ff., l. 18, *De fundo dotali*), refuse au mari le droit de demander à sa femme récompense pour des dépenses qu'il a faites dans des carrières, parce que ces dépenses n'étaient pas nécessaires, et de plus parce que le fonds a été amoindri. Moi, au contraire, dit Javolenus, je pense que non seulement les dépenses nécessaires,

(1) Digeste, liv. XXIV., tit. III, loi 7, § 14.

mais aussi les dépenses utiles, devront être supportées par
la femme ; je ne crois pas, d'ailleurs, qu'un fonds puisse
s'amoindrir si les carrières de pierre sont de celles dans
lesquelles la pierre puisse croître. .... *Si tales sunt lapi-
dicinæ in quibus lapis crescere possit.* »

Ulpien donne la même décision pour un cas semblable
(ff., l. 7, § 13, *Soluto matrimonio*), « parce que, dit-il, les
marbres ne peuvent être considérés comme fruits, à moins
que les carrières soient telles que la pierre y renaisse,
comme cela a lieu dans les Gaules et en Asie... *Quia nec
in fructu est marmor, nisi tale sit, ut lapis ibi renascatur
quales sunt in Gallia, sunt et in Asia.* »

On verra mieux encore par quelques autres citations que
les passages de l'ancien droit romain qui nous sont parve-
nus dans les Pandectes de Justinien et où il est question de
mines, ne s'en occupent jamais pour leur appliquer des
règles spéciales, mais toujours au contraire pour les soumettre au droit commun.

« Si un usufruitier possède des carrières et veut exploiter
de la pierre, dit la loi 9, § 2 *De usufructu et quemadmo-
dum*, s'il possède des carrières de craie, s'il a des sablières,
il doit user de tous ces biens en bon père de famille. Si
(*usufructuarius*) *lapidicinas habeat, et lapidem cædere velit
vel cretifodinas habeat, vel arenas : omnibus his usurum,
Sabinus ait, quasi bonum patremfamilias.* »

« S'il est reconnu qu'il existe des carrières dans ton
champ, dit une autre loi au Digeste, nul ne peut, soit en
son nom particulier, soit au nom du gouvernement, en
extraire de la pierre malgré toi, quand il n'a pas d'ailleurs
le droit de le faire ; à moins qu'il n'existe à l'égard de ces

carrières une coutume telle, que pour y exploiter de la
pierre, il suffise d'avoir assuré au propriétaire l'indemnité
d'usage ; cependant l'exploitant, après avoir satisfait le
propriétaire, doit encore conduire ses travaux de telle manière, qu'il n'enlève point la facilité de continuer une exploitation nécessaire, et que son droit ne prive pas le
propriétaire des avantages de sa propriété. — *Si constat in
tuo agro lapidicinas esse, invito te, nec privato, nec pu-
blico nomine, quisquam lapidem cœdere potest, cui id
faciendi jus non est : nisi talis consuetudo in illis lapi-
dicinis consistat, ut, si quis voluerit ex his cœdere, non
aliter hoc faciat, nisi prius solitum solatium pro hoc
domino præstat : ita tamen lapides cœdere debet, post-
quam satisfaciat domino, ut neque usus necessarii lapidis
intercludatur, neque commodita rei, jure, domino adima-
tur* (ff., l. 13, § 1, *Communia prædiorum, tam., urb.*) »

« Si un pupille possède des carrières de pierre, des mines
d'alun ou de quelque autre substance, s'il a des carrières
de craie, des mines d'argent ou autres de nature analogue,
qu'il est cependant permis aux particuliers de posséder
(*quod tamen privatis licet possidere*), on doit regarder
l'aliénation de ces biens comme défendue. Il en sera de
même si le pupille a des salines. »

Nous ne voyons dans ces passages aucune règle nouvelle, c'est la simple constatation du droit de propriété,
c'est l'application des principes généraux.

Si les mines sont confondues avec les carrières, cela tient
au petit nombre de mines métalliques qui durent d'abord
être connues des Romains. Cette opinion prend une cer-

taine force quand on considère qu'il n'y a rien dans les anciennes lois romaines qui s'applique aux opérations métallurgiques proprement dites, tandis qu'il est plusieurs fois question de la cuisson de la chaux, de l'extraction du sable, de la fabrication des poteries et des tuiles.

Ce ne fut qu'assez tard et lorsque l'extension de leurs conquêtes eut appris aux Romains de quelles richesses les mines étaient la source pour plusieurs des nations soumises que l'on songea à investir l'Etat de droits sur les mines, et qu'apparut ainsi le droit régalien en cette matière. Souvent des généraux réservaient à l'Etat la propriété de certaines mines métalliques des pays conquis (1). Celles qui ne fournissaient pas les métaux précieux restèrent, en général, la propriété des particuliers, et il n'y eut guère que celles dans lesquelles on exploitait l'or et l'argent qui tombèrent dans le domaine public.

De là, des mines appartenant à des particuliers et d'autres appartenant à l'Etat. Cette distinction est nécessaire à bien connaître pour pouvoir faire concorder des textes qui au premier abord sembleraient inconciliables.

Sous la république, les entreprises de mines paraissent avoir été le plus ordinairement abandonnées aux particuliers, sauf une rétribution ou redevance payée à l'Etat; sous l'empire, genre de gouvernement qui faisait prédominer en toutes choses le droit social sur les droits individuels, ce fut l'inverse qui eut lieu, et les empereurs

(1) Tite-Live xlv, §§ 18 et 19. — Tacite, lib. V, *Annales*. — Diodore, lib. II. — Pline, lib. XXX, chap. IV.

s'emparèrent fréquemment de ce genre de biens, dont la nature prête plus aisément à l'équivoque que la propriété de la superficie, et surtout des mines d'or comme étant les plus fructueuses. Il resta cependant même des mines d'or aux particuliers.

La distinction que nous venons de rappeler résulte clairement des textes comparés du Digeste et du Code. Au Digeste on trouve des passages dans lesquels on déclare que les mines sont *pars fundi,* que les mines sont susceptibles de propriété privée, et il n'est pas permis de douter qu'un grand nombre de mines ne fussent entre les mains des particuliers. D'un autre côté, nous voyons aussi les empereurs élever des prétentions sur les mines d'or. Tibère, par exemple, s'attribue la propriété des mines d'or qui se trouvent dans le fonds de Sextus Marius.

On voit les mines d'or et d'argent qui appartiennent à l'Etat ou au fisc exploitées par des mineurs *(metallarii)* affectés à ce genre de travail, eux et leur postérité, sans qu'ils fussent libres d'abandonner cette profession. Etre condamné *ad metalla* est une peine classée dans le Code pénal. Des coupables sont condamnés à ce genre de travail à titre de peine, même à perpétuité, et pour les empêcher de fuir on leur imprime une marque. Tout prouve enfin qu'il y avait des mines exploitées par l'Etat et qui étaient sa propriété.

Dans ces mines tout le produit devait nécessairement lui appartenir en entier. Celles, au contraire, qui étaient propriété privée furent assujetties à l'impôt, *vectigal,* comme tous les autres biens, mais il importe de remarquer, avec

Daubuisson, que ce vectigal n'était pas le prix d'un loyer, comme cela avait lieu à Athènes où les mines étaient toutes propriété de la république.

Tel fut l'état de la législation sous les premiers Césars et la propriété des mines tendit progressivement à passer tout entière entre les mains des empereurs. Il fut accordé des priviléges pour l'exploitation des mines dans certaines provinces. Tantôt on permit et tantôt on défendit d'ouvrir des mines et des carrières; en un mot, le propriétaire du fonds ne fut plus libre de faire, comme par le passé, des fouilles suivant que bon lui semblait sur son propre terrain.

Le droit civil changea et le droit régalien se fit jour. A partir de ce moment nous trouvons dans les lois romaines quelques textes spéciaux relatifs aux mines. Le Code Théodosien et le Code de Justinien sont les seuls où nous rencontrions, dans le premier, un titre : *De metallis et metallariis ;* dans le second, un autre *de metallariis et metallis et procuratoribus metallorum.* (Lib. XI, tit. 6, C. Just.)

On trouve, au titre xix du Code Théodosien, quinze lois relatives aux mines et aux carrières : les lois première et deuxième accordent à tous le droit de fouiller et d'exploiter les carrières de marbre, et ce droit est donné de la manière la plus large, car la loi s'exprime ainsi : « Nous accordons le droit d'extraire le marbre de toutes carrières à tous ceux qui le veulent, de telle sorte que ceux-ci aient la faculté de l'extraire, de le tailler et d'en faire toute sorte d'ouvrages à leur gré. — Donné la veille des

calendes d'octobre sous le sixième consulat de l'empereur
Constantin et le premier de Constance César (320).

On voit par ce texte que le droit régalien fut exercé de
la manière la plus absolue par les empereurs en ce qui
touche les carrières de marbre, et ce fait de l'exercice absolu du droit régalien par les empereurs est surtout digne
de remarque en ce qu'il concerne les carrières, ces dernières ayant généralement échappé à ce droit chez les
nations modernes.

Le droit régalien sur les mines n'implique pas la propriété absolue de ces mines de la part de l'Etat; il consiste
dans les attributions qu'il confère au souverain : 1° de
régler la destination de la propriété souterraine; en d'autres termes, de pourvoir du privilége de l'exploiter les personnes qui peuvent le mieux la mettre en valeur ; 2° d'en
surveiller l'exploitation dans ses rapports avec l'ordre public, avec la conservation du sol et avec la sûreté des
ouvriers mineurs; 3° de percevoir un certain tribut sur les
produits qu'en obtient l'exploitant. On est forcé de reconnaître, en étudiant les constitutions des empereurs romains relatives aux mines, que sous eux le droit régalien
a pris naissance et qu'il a remplacé l'ancienne doctrine
du droit absolu des propriétaires sur les produits du
sous-sol.

Il ne faudrait pas toutefois attribuer à la loi du Code
Théodosien que nous avons rapportée plus haut une importance excessive. La permission générale qu'elle accorde
de fouiller les carrières de marbre, prouverait par cela
seul qu'elle était particulière à ces carrières, que la règle
générale était différente pour les autres mines. Cette dis-

2

position ne fut, relativement aux carrières de marbre elles-mêmes, que le fruit de circonstances et de besoins momentanés, et l'histoire prouve qu'elle fut ou révoquée ou remise en vigueur, suivant que ces circonstances ou ces besoins cessaient ou renaissaient.

Les lois du Code Justinien postérieur au Code Théodosien offrent un grand intérêt en ce qui a trait aux mines, et nous croyons devoir les analyser ici.

Sous le titre *de metallariis et metallis*, nous trouvons dans ce Code sept constitutions. Ces constitutions n'étant que des décisions isolées, sont loin de nous offrir un corps de doctrine relatif au sujet qui nous occupe. Elles paraissent même quelquefois se contredire l'une l'autre, comme nous le verrons dans la loi première et la loi cinquième.

Des sept qui doivent nous occuper, la dernière a trait aux mineurs, hommes ou femmes, qui se sont enfuis de mines à l'exploitation desquelles ils étaient attachés. On ordonne que, sans avoir égard même aux fonctions dont on aurait pu les investir dans le palais impérial, les fugitifs soient reconduits à leurs anciens travaux. Il y avait, en effet, des mineurs attachés au travail des mines, eux et leur postérité, sans qu'ils fussent libres d'abandonner cette profession.

La loi quatrième est importante au point de vue administratif. Elle contient un ordre donné à des intendants de mines qui s'étaient enfuis, sous prétexte de l'invasion des

barbares, de retourner à leur poste. On nous apprend
par là qu'une administration sous le nom de *procuratores
metallorum* ou intendants des mines était chargée de recueillir l'impôt sur les mines et de le verser dans la caisse
d'un magistrat supérieur appelé *comes metallorum*, surin-
tendant des mines. Ce *comes metallorum* était placé lui-
même sous l'autorité du *comes S. L.* Les procurateurs des
mines dans les provinces étaient nommés par les décurions
qui devaient en être responsables selon la règle du droit
commun de la législation romaine.

Des cinq autres constitutions insérées au Code Justinien,
quatre ont trait à la redevance à payer au fisc et au propriétaire du terrain sur lequel on a ouvert ou une mine
ou une carrière ; une autre, la loi sixième, interdit de
pousser des galeries sous les édifices, soit dans la crainte
des dangers d'éboulement, soit pour mettre les propriétaires de maisons à l'abri des exactions des exploitants, qui
les auraient rançonnés pour les amener à se racheter de
l'extraction des marbres sous leurs bâtiments.

La loi première pose en principe le droit du fisc sur les
produits des mines, fixé au huitième scrupule, avec obligation pour l'exploitant de vendre de préférence au gouvernement le surplus des produits. C'est à Crescon, *comes
metallorum*, que les empereurs Valentinien et Valens s'a-
dressent pour prescrire la perception de la redevance dont
nous venons de parler.

« Après une mûre délibération, disent-ils, nous avons
cru devoir ordonner que quiconque se livrera au travail
des mines devra, tout en retirant des profits légitimes de

son industrie, contribuer aux avantages de l'État. C'est
pourquoi, que Votre Excellence contraigne ceux qui se
livreront volontairement à ce genre d'industrie de remettre
pour le compte du gouvernement le huitième scrupule
(un huitième) de la matière qu'ils tireront des mines.
Nous les invitons, en outre, à vendre au fisc, plutôt qu'à
tout autre, ce qu'ils extrairont des mines de plus que la
quantité mentionnée ci-dessus, dont le prix convenable leur
sera payé sur le trésor de nos largesses. *Fait à Paris, le
4 des ides de décembre.* »

L'interprétation que nous donnons du texte de la loi, bien
que contraire à celles qui ont été fournies jusqu'à présent,
nous paraît cependant rationnelle, si l'on compare les textes
où il est question du paiement de la redevance en scrupules.
Godefroid (1) a cru devoir entrer dans des explications historiques très complexes pour expliquer la contradiction apparente de la loi 1 et de la loi 5. Si on explique la constitution
première de Valien et Valentinien, en disant que toute personne travaillant dans les mines devait payer huit scrupules
par an, on doit expliquer la constitution 5 de Valentinien,
Théodose et Arcadius, donnée à Constantinople vingt-sept
ans plus tard, en 392, en disant que chaque ouvrier mineur
devait payer alors au trésor sept scrupules. Godefroid
commente ainsi cette variation : Sous Constantin le scrupule
était la vingt-huitième partie de l'once, et l'once la dou-
zième de la livre ; de plus, la livre était partagée aussi en
vingt-quatre solides, dont sept faisaient une once ou vingt-
huit scrupules : un solide était donc égal à quatre scrupules ;

(1) Gothof., comm., ad leg. 4. *De metallis et metallariis.*

deux solides à huit scrupules, c'est-à-dire la redevance qui
est due au fisc. En 367, la livre d'or fut diminuée par Valentinien, et au lieu d'être de quatre-vingt-quatre solides,
il la réduisit à soixante-douze ; dès lors l'once ne fut plus
que de six solides, et comme le solide resta toujours égal
à quatre scrupules, il en serait résulté que la taxe, si elle
fût restée de huit scrupules, eût été élevée d'un septième.
Ce fut donc pour faire concorder les nouvelles valeurs monétaires avec les anciennes que l'on réduisit l'impôt à sept
scrupules. Telle est l'explication de Godefroid.

On peut expliquer plus simplement l'antinomie apparente que nous avons signalée, en disant qu'il était permis à
toute personne d'exercer la profession de chercheur d'or
(*aurilegulus*), sous la condition de payer chaque année au
fisc une quantité d'or brut ou non purifié, fixée par
homme à sept ou huit scrupules, selon les provinces, et
de livrer au fisc tout l'or trouvé moyennant un prix
réglé.

La difficulté que nous soulevons ici consiste à savoir si
la redevance à payer à l'Etat était de sept à huit scrupules
par an et par mineur ; ou bien si elle était de un septième
ou de un huitième de la quantité recueillie, suivant les
époques, en prenant le scrupule pour mesure. Pour nous,
tout en admettant que la redevance pouvait varier selon
les provinces, nous ne croyons pas qu'elle ait été une redevance fixe ; nous pensons au contraire que cette redevance
était proportionnelle et qu'elle a été tantôt de un septième,
tantôt de un huitième de la quantité de minerai recueillie
par les mineurs.

Trois raisons principales nous portent à adopter ce système. D'abord, si on compare avec soin les textes, on remarque que ceux où il est question de cette redevance sont particulièrement applicables aux chercheurs d'or ou de minerais métalliques, tandis que ceux où il est question de la redevance du dixième au fisc et du dixième au propriétaire paraissent être spéciaux aux carrières de pierre ou de marbre.

De plus, la loi 2 s'occupe de fixer le taux des poids et mesures dont on devra se servir dans la perception de l'impôt que doivent payer ceux qui s'occupent de recueillir de l'or. L'impôt, le *canon metallicum,* est payable en nature, en minerai recueilli. La crainte qu'en taxant à une certaine somme seulement on ne pût trop facilement commettre des fraudes a fait admettre cette règle. C'est la même raison qui aura fait choisir le scrupule pour mesure de quantième au lieu de prendre l'once ou la livre.

Une troisième raison nous semble résulter de l'organisation même de l'administration établie pour la perception de la redevance des mines. A quoi bon une administration si bien organisée, à quoi bon tant de *procuratores* uniquement chargés de surveiller les intérêts de l'Etat dans l'exploitation des mines, de percevoir ce qui lui est dû par les exploitants, s'il ne s'agit pas d'une part sérieuse dans les produits? Ces *procuratores* avaient, en effet, une surveillance continuelle à exercer dans les travaux de mines, et cela s'explique par les difficultés qui devaient naître souvent à l'occasion de la perception du *canon metallicum,* ou de l'exercice du droit de préemption réservé au fisc sur l'or restant entre les mains du mineur, après qu'il avait payé son impôt.

La loi cinquième dont la comparaison avec la loi première
nous a suggéré les idées que nous venons d'émettre est
ainsi conçue: *Les empereurs Valentinien, Théodose à Ro-
mulus comes sacrarum largitionum* : « Per annos singulos
septem per hominem scrupuli largitionibus inferantur ab
aurilegulis, non solum in pontica diœcesi, verumetiam
in asiana. Datum 11 calend. martii Constantinopoli,
Arcadio A. II et Rufino coss. (392).

La traduction littérale serait inexacte dans notre système;
mais nous serions plutôt disposé à croire à une erreur dans
la traduction du Code en latin, qu'à l'établissement d'une
redevance fixe sur les chercheurs d'or, sans égard à la
quantité découverte par chacun d'eux.

La loi 3 règle au dixième le droit du gouvernement et à
la même somme la redevance due au propriétaire, et autorise les fouilles et exploitations à la condition de payer cette
double dîme. *Les empereurs Gratien, Valentinien et
Théodose, à Florus, préfet du prétoire : — « Que ceux
qui exploitent des carrières situées dans les propriétés d'autrui, soient tenus de donner au fisc un dixième de
la matière qu'ils retirent des mines par leur industrie, et
un autre dixième au propriétaire du fonds dans lequel se
trouve la mine. Quant aux huit autres dixièmes, ils appartiennent à ceux qui font l'exploitation. — Fait à Constantinople le 4 des calendes de septembre (382). »

Les réflexions de Domat au sujet des lois romaines
méritent d'être rapportées, car elles formulent le principe
que nous verrons développé dans la loi française de 1810.

« La nécessité des métaux, dit-il, non seulement pour les monnaies et pour l'usage des armes, mais pour une infinité d'autres besoins et commodités dont plusieurs regardent l'intérêt public, rend ces matières et celles des autres minéraux si utiles et si nécessaires dans un Etat, qu'il est de l'ordre de la police que le Souverain ait sur les mines de ces matières un droit indépendant de celui des propriétaires des lieux où elles se trouvent. Et, d'ailleurs, on peut dire que leur droit, dans l'origine, a été borné à l'usage de leurs héritages pour y semer, planter et bâtir, ou pour d'autres semblables usages, et que leurs titres n'ont pas supposé un droit sur les mines qui étaient inconnues, et dont la nature destine l'usage au public par le besoin que peut avoir un Etat des métaux et autres matières singulières qu'on tire des mines. Ainsi les lois ont réglé l'usage des mines, et, laissant aux propriétaires du fonds ce qui a paru juste, elles y ont aussi réglé un droit pour le Souverain. »

# DEUXIÈME PARTIE

---

## ANCIEN DROIT FRANÇAIS

---

### CHAPITRE PREMIER

#### Ancienne Monarchie française.

Sous l'ancienne monarchie française, les mines ont été constamment régies par le droit régalien, et dans l'histoire des trois races de la monarchie, on trouve la trace incontestable de l'exercice du droit régalien.

Nous possédons peu de documents sur l'exercice du droit des mines sous les rois de la race mérovingienne. Cependant une chronique de Duchesne qui rapporte une charte de Dagobert Ier, prouve que déjà à cette époque les mines étaient frappées d'un impôt en faveur du prince (1). Le roi donne aux moines de Saint-Denis, pour la couver-

---

(1) Dagoberti vita, tit. 1, cap. xli, p. 585.

 turo de leur église dont il était le fondateur, huit mille livres de plomb à prendre tous les deux ans sur le droit en
nature auquel ce métal était soumis : « *Plumbum quod ei*
» *ex metallo censitum in secundo semper anno solvebatur*
» *libras octo mille ad cooperiandam eamdem supradicto-*
» *rum martyrum ecclesiam contulit.* »

Sous les rois de la seconde race on trouve un témoignage
de l'exercice du droit de *permission, de concession* de
mines de la part du souverain. Par lettres patentes datées
du cap de Naou en Provence (780), Charlemagne donne
pour apanage à ses fils Louis et Charles les villes d'Ask et
Glichen en Thuringe, avec la faculté de chercher et d'exploiter dans leur territoire l'or, l'argent et les autres métaux.

Après la mort de Charlemagne il en fut, du droit régalien
sur les mines, comme des autres attributs de la souverai-
neté. Il subsista toujours, mais il fut en quelque sorte con-
fisqué et absorbé par les grands possesseurs de fiefs. On peut
citer, comme exemple de l'exercice du droit régalien par les
seigneurs féodaux, une charte solennelle donnée en 1293 par
Roger-Bernard, comte de Foix, aux habitants de la vallée
de Vicdessos. Roger-Bernard leur concède à tous et à chacun le droit de tirer des minerais de fer *(petra ferrea)* des
minières de la vallée, de couper les arbres et charbonner
dans les forêts.

Peu à peu le pouvoir royal se raffermit, et les rois cher-
chent à ressaisir le droit régalien sur les mines. Des lettres

patentes de Charles VI, données à Paris le 30 mai 1413, consacrent d'une manière solennelle la reprise de possession du droit régalien par les rois de France sur les seigneurs féodaux : « Pour ce quoi..., déclarons que nul seigneur spirituel ou temporel, de quelque état, dignité ou prééminence, condition ou autorité qu'il soit, en nostre dit royaume, n'a, n'aura, ne doit avoir, à quelque titre, cause, occasion, quelle qu'elle soit, pouvoir ne authorité de prendre, réclamer ès dites mines la dixième partie, *ne autre droit de mine* (1). »

L'ordonnance de 1413 n'a pas seulement pour objet la levée du cens par le souverain à l'exclusion de toute autre personne sur toutes les mines du royaume, mais elle montre aussi qu'au roi de France appartient le droit d'autoriser l'ouverture et l'exploitation des mines, attribution inhérente au droit régalien. « Voulons et ordonnons que tous mineurs et autres puissent quérir, ouvrir et chercher mynes, par tous lieux où ils penseront trouver, icelles traire et faire ouvrir ou vendre à ceux qui les feront ouvrer et fondre, parmi payant à nous notre dixième franchement, et en faisant satisfaction ou contentement à celui ou à ceux à qui lesdites choses seront ou appartiendront au dit de deux prud'hommes. »

Ainsi, le roi Charles VI accordait l'autorisation d'ouvrir et exploiter les mines à la double condition de lui payer son *dixième franchement* et de satisfaire le maître du tréfonds au dire de deux prud'hommes. De plus, les mines furent placées par cette même législation de 1413 sous une

_____

(1) Ordonnances des rois de France de la troisième race, t. X, p. 111.

juridiction exceptionnelle ; un juge ou commissaire fut établi, tant dans le bailliage de Mâcon que dans la sénéchaussée de Lyon, pour statuer sur toutes les contestations civiles en fait de mines.

Cette ordonnance fut confirmée par Charles VII le 1er juillet 1455 ; par Louis XII, en juin 1508, et par François Ier, en décembre 1515. Le droit régalien à cette époque avait complètement repris son empire sur le droit féodal, et le seigneur ne pouvait fouiller des mines sur ses terres sans la permission du roi. Une déclaration du 18 octobre 1521 fit défense à toutes personnes de tirer et fouiller des mines sans la permission du roi et de porter des métaux hors du royaume sans être marqués (1).

Une ordonnance célèbre avait été rendue par Louis XI en 1471 à Montils-lès-Tours et enregistrée par le Parlement de Paris le 14 juillet 1475. On lit dans le préambule de cette ordonnance qu'elle était faite à l'imitation de ce qui avait lieu en Hongrie, Bohême, Pologne, Angleterre et ailleurs. Les principales dispositions sont les suivantes :

Institution d'un grand-maître superintendant des mines, ayant pouvoir d'ouvrir et d'exploiter, par lui ou ses lieutenants, toutes les mines existant en France, soit dans les lieux appartenant en propre au roi, soit dans ceux appartenant à ses sujets, sauf l'indemnité dans ce cas *au seigneur tréfoncier.*

Pour intéresser les propriétaires du sol à rechercher et exploiter eux-mêmes les mines existant dans leurs fonds,

(1) Brillon, *Dictionnaire des arrêts des Parlements*, v. MINES.

l'ordonnance de Louis XI leur donnait un délai de quarante jours pour déclarer s'ils avaient des mines dans leurs
fonds et s'ils entendaient les exploiter : passé ce délai, et
à défaut de déclaration, le grand-maître pouvait les faire
exploiter par d'autres. Le propriétaire du sol était privé
de toute indemnité pendant dix ans, et il pouvait même,
suivant les cas, être condamné au paiement d'une amende.

Si les propriétaires, après avoir fait leur déclaration, ne
voulaient pas exploiter eux-mêmes ou n'étaient pas reconnus capables, le grand-maître accordait à d'autres le droit
d'exploitation, sous la condition d'indemniser les propriétaires fonciers (1).

Dans le cas de la découverte d'une mine par un agent du
grand-maître, le propriétaire du sol était mis en demeure
de l'exploiter lui-même dans un délai de six mois : à son
défaut, le droit d'exploitation était donné à son seigneur
immédiat ; au défaut de ce dernier, au seigneur suzerain,
et au défaut de tous, au grand-maître.

Le droit de recherches était accordé, sans aucune indemnité, sur *les landes ou terres incultes ;* mais il était interdit
*sur les champs mis en culture et sur les enclos attenant*
*aux habitations* (2).

M. le baron de Crouzeilhes s'exprime ainsi sur cette ordonnance : « Il ne paraît pas, quoi qu'en aient dit quelques
auteurs, que les rois considérassent les produits des mines
comme une véritable portion de leur domaine ou comme

(1) Arrêt d'enregistrement de l'ordonnance de Montils-les-Tours,
article 9.
'(2) § 10 de l'arrêt d'enregistrement du 14 juillet 1475. C'est le Parlement qui introduisit cette restriction en enregistrant l'ordonnance.

une propriété pure et simple de la couronne, que ce fût
un don proprement dit que les concessions d'exploitations
de mines par eux accordées. Dans les temps les plus recu-
lés, les seigneurs répétaient sans doute en vertu de la suze-
raineté une redevance féodale sur le produit des mines
comme sur tous les autres produits des terres qui rele-
vaient d'eux; mais loin que nos rois dans les édits et ordonnances qui ont eu les mines pour objet, les aient envisagées
comme propriété domaniale, on trouve dans les diverses
dispositions prises à ce sujet deux points en opposition avec
ce système : 1° le droit du propriétaire du sol sur tout ou
partie des produits de la mine; 2° un droit inhérent
à la personne du roi, de choisir tel ou tel de ses sujets
pour exploiter les mines, genre de propriété qui exige une
surveillance particulière du chef de l'Etat à cause de la nature des travaux et de l'importance des produits, lesquels
sont au premier rang parmi les nécessaires et plus précieux objets de la consommation. »

Ces réflexions sont suggérées à M. de Crouzeilhes, par
l'ordonnance de Louis XI, où en effet les droits du propriétaire du sol sont reconnus. Mais ce savant magistrat
n'a-t-il pas été trop loin en étendant à toute la législation
sous notre ancienne monarchie des conclusions qu'il ne
devait tirer tout au plus que de l'ordonnance de Louis XI?
Car si nous y trouvons encore un vestige de respect pour
le droit du tréfoncier à la propriété de la mine, la restriction mise dans l'ordonnance d'enregistrement du Parlement, qui défend de rechercher les mines dans les
champs mis en culture et dans les enclos, et le permet
seulement dans les landes ou terres incultes, il est impossible de ne pas remarquer la tendance qu'a la légis-

lation à s'affranchir peu à peu de ces entraves. Sous
Louis XI lui-même, nous avons une preuve de cet
acheminement au monopole, dans le privilége qu'il
accorde à des particuliers d'exploiter les mines de la
vicomté de Constérans, sans avoir égard aux clauses
favorables aux droits du tréfoncier qui pouvaient se
trouver dans l'ordonnance de 1471.

L'ordonnance de Montils-les-Tours, dont le but était
sans contredit de donner une grande impulsion à l'exploitation des mines, se trouve rappelée dans celle de
Henri II, à la date du 10 octobre 1552 : après avoir
présenté la situation fâcheuse dans laquelle était cette
branche d'industrie, cet édit s'expliquait sur les effets
de l'ordonnance de 1471 : « Au moyen de quoi nos prédé-
cesseurs, même le roi Louis XI, que Dieu absolve, voulant y pourvoir dès l'an 1471, fit plusieurs ordonnances
sur le fait desdites mines, et institua entre autres
choses un gouverneur et superintendant général, ayant
pouvoir d'ouvrir et faire ouvrir lesdites mines, en lui
payant le dixième royal, comme d'ancienneté il était
accoutumé, tant en notre dit royaume qu'ès autres pays
desdits estrangers. Toutefois, ou par la faute dudit gouverneur, qui par adventure n'était expérimenté, ou pour
n'avoir recouvert desdits pays estrangers gens de cet art,
ou bien pour n'avoir fourni aux frais à ce nécessaires peu
de proflet et advancement en seroit provenu, qui est cause
que princes et marchands estrangers ont mis et mettent
encore de jour en jour les cendres d'or et d'argent à tel
et si haut prix, que tous autres seigneurs et princes qui
n'ont mines, sont contraints affaiblir leur monnoie pour

cuider regagner ledit prix ainsi rehaussé par les édits estrangers sur lesdites cendres , chose préjudiciable au corps d'une république. »

Le droit du propriétaire du sol qui avait été de plus en plus amoindri par une série d'ordonnances toutes favorables aux mineurs, disparait presque complètement sous Henri II. Par lettres patentes du 30 septembre 1548, le roi accorde au sieur Jean-François de la Roque, seigneur de Roberval, pour en jouir, lui, ses hoirs et ayants-cause à perpétuité, toutes les mines qu'il pourra découvrir pendant la concession qui lui est faite pour neuf ans. Aux termes de cette concession, le sieur de Roberval est tenu de payer « *raisonnablement aux propriétaires le* » *dommage et intérêt qui leur serait fait, pour le re-* » *gard de la valeur desdites terres seulement, et non des* » *mines y étant.* » La séparation du fonds et du tréfonds est bien nette. La surface est du domaine privé, et tout dommage qui y est causé donne droit à une indemnité ; le tréfonds est du domaine de la couronne et fait l'objet d'une concession.

Cette ordonnance, qui brisait ainsi la tradition en méconnaissant complètement les droits des superficiaires, peut s'expliquer par le désir de relever la situation des mines qui était de plus en plus mauvaise. Les efforts de Charles VI et de Louis XI étaient restés impuissants. Les remises de l'impôt du dixième pendant plusieurs années, les franchises nombreuses accordées aux mineurs, tout cela n'avait pas suffi pour attirer les capitaux, si rares à cette

époque, dans les entreprises de mines qui en demandent de
considérables. C'est alors que Henri II, pour encourager
les exploitations autant que possible, supprime le droit
des superficiaires et accorde aux mineurs de nouvelles
immunités, tout en maintenant les anciennes. Il réserve
seulement un droit de *quarantième* au profit des seigneurs justiciers. Mais cette réserve est encore dans l'intérêt des exploitants ; car elle a pour but d'assurer leur
tranquillité, en empêchant toute entreprise de la part des
seigneurs, qui élevaient toujours des prétentions sur le
droit de dixième. Ce système absolu, inauguré par Henri II,
fut continué par François II (1), Charles IX (2) et
Henri III (3).

Sous Henri IV, un édit parut en 1601, qui constate
encore l'exercice du droit régalien par le roi de France,
bien que le roi abandonne par cet édit son dixième sur
les mines de soufre, salpêtre, fer, ocre, pétrole (4), charbon de terre, ardoise, or. « Mais cette exception *est accordée*, est-il dit, *par grâce spéciale en faveur de notre
noblesse et pour gratifier nos bons sujets propriétaires
des lieux.* » L'édit de 1601 fut confirmé par un autre de
1604 qui prescrivait des mesures de police et des dispositions pénales : entre autres, la déchéance du concessionnaire dans certains cas. Il ordonnait l'érection de
de carcans, estrapades et autres représentations patibu-
laires, dans le voisinage des exploitations, pour maintenir

(1) Ordonnance du 20 juillet 1560.
(2) Ordonnances du 6 juillet 1561 et du 23 septembre 1568.
(3) Ordonnance du 21 octobre 1574.
(4) Ordonnance de Fontainebleau, art. 2.

par la crainte du châtiment les ouvriers mineurs, *gens d'une conduite peu régulière.*

Il faut encore remarquer la disposition qui avait pour but de parer aux difficultés que la perception du quarantième accordé aux seigneurs hauts justiciers, comme dans l'ordonnance de 1552, pour droits de passage et autres, que la perception, dis-je, du quarantième pouvait faire naître entre seigneurs voisins. On y voit que le droit à la superficie ne donne nullement droit à la mine. Il y est dit, en effet : « Si après l'ouverture faite d'une ou plusieurs mines en la terre d'un haut justicier, ne pourra, toutefois, le sieur de cette haute justice, prétendre aucune part audit droit de quarantième ni autres, sinon qu'il fût besoin de faire de nouvelles ouvertures et nouveaux chemins en sa dite justice, auquel cas icelui grand-maître ou son lieutenant général, appelé avec eux le nombre de juges porté par les ordonnances, réglera et départira le droit qui en devra appartenir à chacun desdits hauts justiciers en leurs loyautés et consciences, aux charges portées par la vérification d'icelui édit général ès cours de Parlement et conformément à icelles (1). »

Ces édits manifestent, comme les précédents, une grande bonne volonté de faire prospérer l'exploitation des mines; mais, comme les précédents, ils manquent leur but, tant à cause de la base vicieuse du système que par suite de l'inexpérience des entrepreneurs.

Si l'on excepte une tentative de monopole en faveur d'un

(1) Ordonnance de Fontainebleau de 1601.

aventurier allemand, le marquis de Beausoleil, qui trompa Richelieu en 1640, et quelques recherches ordonnées par Mazarin en 1648, les mines furent oubliées jusqu'en 1670

Une immense concession de mines fut donnée en 1689 au duc de Montausier, et son privilége général fut confirmé par arrêt du Conseil du 29 avril 1692 en faveur de la duchesse d'Uzès, sa fille unique.

Le 4 janvier 1695 intervint un troisième arrêt du Conseil par lequel : « Sa Majesté ordonne que la duchesse d'Uzès pourra faire ouvrir et fouiller toutes les mines de charbon de terre qu'elle découvrira, conformément à l'arrêt du 29 avril 1692, et lettres patentes du 5 mai suivant, du consentement néanmoins des propriétaires, en les dédommageant préalablement de gré à gré, suivant et ainsi qu'il sera convenu entre eux, et à l'égard des mines ouvertes par lesdits propriétaires, Sa Majesté fait défense à ladite dame d'Uzès de les troubler dans leurs fouilles et les suites d'icelles, *sans qu'à l'avenir lesdits propriétaires puissent faire ouvrir les mines qui sont dans leurs fonds, sans le consentement de ladite dame d'Uzès et de ceux qui auront ses droits.* »

Trois ans plus tard, par l'édit du 13 mai 1698 donné par Louis XIV *comme grâce spéciale de la puissance souveraine,* ce prince permet à tous les propriétaires de terres où il y a des mines de charbon ouvertes ou non ouvertes, en quelques endroits et lieux du royaume qu'elles soient situées, de les ouvrir et exploiter à leur profit, sans qu'ils soient obligés d'en demander la permission au sieur duc d'Uzès ou autres, sous quelque prétexte que ce puisse être, dérogeant, à cet égard, à tous arrêts, lettres patentes et priviléges à ce contraires, ci-devant accordés.

Cette réaction en faveur de la liberté illimitée quant aux mines de houille, fut non seulement infructueuse, mais elle amena de fâcheux résultats : la plupart des propriétaires, soit par indifférence, soit par manque de connaissances spéciales ou de capitaux, n'exploitaient pas les mines de houille existant dans leurs fonds; et quant aux propriétaires qui exploitaient, ils se livraient à des travaux irréguliers et sans suite, d'où résultait un gaspillage général des gîtes carbonifères. Aussi le gouvernement de Louis XV dut-il abroger, par un arrêt de 1744, l'édit de 1698 : « Sa Majesté étant informée, est-il dit dans le préambule de cet arrêt, que les dispositions de l'édit de 1698 sont presque demeurées sans effet, soit par la négligence des propriétaires à faire la recherche et l'exploitation desdites mines, soit par le peu de facultés et de connaissances de la part de ceux qui ont tenté de faire sur cela quelques entreprises; que, d'ailleurs, la liberté indéfinie laissée aux propriétaires par ledit arrêt de 1698, a fait naître, en plusieurs occasions, concurrence entre eux, également nuisible à leurs entreprises respectives...., ordonne ce qui suit, etc. »

L'article 1er de l'arrêt de 1744, rapproché de l'arrêt de 1741 qui enjoignait à tous les exploitants de mines de faire vérifier leurs titres par les intendants, plaçait les mines de houille, comme toutes les autres mines du royaume, sous le régime des *permissions* ou *concessions*, lequel dura jusqu'à la loi du 28 juillet 1791.

Le gouvernement de Louis XVI donna des preuves de l'intérêt qu'il prenait au développement de l'industrie des mines. Des inspecteurs des mines et minières du royaume furent créés; une école royale des mines fut fondée.

Un arrêt du Conseil de 1783 porta règlement pour l'exploitation des mines de houille en général : il est dit formellement dans cet arrêt, qu'aucun propriétaire du sol ne peut exploiter les mines de houille sous son terrain, sans une permission expresse du roi.

Quant à ce qui est de la juridiction en matière de mines, il fut ordonné, par un arrêt de septembre 1786, que les contestations entre les propriétaires du sol et les exploitants continueraient d'être portées devant les intendants des provinces, qui correspondaient alors avec un intendant général des mines, sous les ordres du contrôleur général des finances.

Il résulte de cet aperçu sommaire de notre ancienne législation française qu'à aucune époque de la monarchie, la propriété des mines n'a suivi celle du sol : nous avons vu qu'à une seule époque de notre histoire, de 1698 à 1744, les mines de houille furent *données*, par exception, aux propriétaires du sol ; mais ce fut là un don du roi, une cession volontaire du droit régalien que le souverain dut retirer à cause des abus qui en étaient résultés.

# CHAPITRE II.

## Législation intermédiaire.

**(Loi des 12-28 juillet 1791.)**

Au souffle de la Révolution la législation des mines s'était écroulée comme beaucoup d'autres, et sur les ruines des institutions et des usages de l'ancienne société il fallait reconstruire ce qui venait d'être abattu. Une illustre Assemblée entreprit cette lourde tâche, et remontant au droit naturel comme à la source de tous les droits, elle chercha d'abord à élucider les principes nouveaux qui devaient servir de base aux institutions destinées à régir la société nouvelle.

« L'étude de la législation française sur les mines, disait Régnault d'Épercy dans son Exposé de motifs de la loi de 1791, nous a montré de grandes vérités : elle nous a appris qu'il est également dangereux de livrer les mines au despotisme d'un seul ou de les abandonner à une liberté indéfinie; elle nous a convaincu de cette vérité, qu'une législation versatile anéantit toute espèce d'industrie, parce que le citoyen qui ne compte pas fermement sur la stabilité d'une loi protectrice ne travaille qu'à regret, étant tourmenté sans relâche par l'inquiétude et la défiance; elle nous a convaincu, enfin, de la nécessité d'une loi invariable (1). »

(1) Les défauts du système des coutumes locales et règlements et d'une législation versatile sont bien exposés dans un rapport adressé au sénat

Lorsque l'Assemblée nationale, sollicitée par les *adresses* de plusieurs provinces, vint à s'occuper des mines, la question fut prise à un point de vue élevé et posée dans des termes absolus : « Les mines doivent-elles être considérées comme des propriété particulières ou comme des propriétés publiques? »

Les comités n'admirent pas le système de l'accession, non plus que celui du premier occupant, imaginé par Turgot.

Régnault d'Épercy, député du Jura, chargé de faire le rapport des travaux des comités présenta à l'Assemblée,

de Nevada (Etats-Unis), le 22 février 1867, par le Comité des mines et de leur exploitation.

Le sujet examiné était l'adoption de statuts généraux pour remplacer les coutumes locales et les règlements. Le Comité disait : Dans l'établissement d'un code de mines il y a des principes évidents par eux-mêmes qui devraient être adoptés :

1° L'intérêt en question existant dans toute l'étendue de l'Etat, et étant confondu intimement dans chacune de ses parties, les lois appelées à le régler devraient être d'un caractère général, uniformes dans leur application et universelles dans leur action.

2° Comme c'est un intérêt vital et permanent, les règles qui le gouvernent devraient avoir la stabilité et la force d'actes législatifs.

3° Cet intérêt appartenant à notre population, mais sans valeur pour elle, sans aide extérieure, le but de la loi devrait être double : protéger nos citoyens et encourager le capital.

Le système actuel répond-il à ces exigences ?

1° Quant à l'uniformité, il n'y a rien qui s'en approche moins. Il n'y a jamais eu pire confusion : plus de deux cents districts dans les limites d'un seul Etat, chacun avec son code approuvé par lui-même : ces codes diffèrent non-seulement entre eux, mais présentent des cas sans nombre de contradiction en eux-mêmes. La loi d'un lieu n'est pas la loi d'un autre lieu à cinq milles de distance, et un peu plus loin se trouve un code qui n'est pas le même que le précédent et ainsi à l'infini. A cela s'ajoute ce fait qui trouble les choses encore davantage, que les règlements eux-mêmes, peuvent être remplacés par quelque coutume particulière que l'on ne peut trouver enregistrée nulle part, et dont la preuve variera avec

dans la séance du 20 mars 1791, un projet de loi en deux sections et en soixante-dix articles. Le titre premier traitait des mines en général, en quarante articles ; le titre deuxième des mines de fer d'alluvion, en trente articles. Le rapporteur développait le système de la propriété publique en cherchant à l'appuyer sur le droit naturel, les précédents historiques et l'intérêt général.

Les mines complètement distinctes de la surface étaient considérées comme des biens *sans maître*, dont la nation devait diriger l'exploitation conformément au principe posé en tête du projet : *Les mines sont à la disposition de la*

le volume d'*affidavit*, déclarations sous serment des intéressés qui peuvent être recueillies des deux parts pour l'établir.

Dans un district le travail exigé pour maintenir un *claim* est nominal; dans un autre, exorbitant; dans un autre, aboli; dans un autre, ajourné d'année en année. Un étranger cherchant à connaître la loi est surpris d'apprendre qu'il n'y a pas d'enregistrement public satisfaisant auquel il puisse avoir référence, aucun employé public auquel il puisse s'adresser qui soit tenu de lui fournir les informations qui lui sont nécessaires ou lui garantir l'authenticité de celles qu'il a recueillies. Souvent dans les districts les plus nouveaux il se trouve qu'il n'y a pas l'apparence d'un code, mais une simple résolution qui adopte le code d'un autre district qui peut se trouver à une centaine de milles de distance. Quelle garantie a-t-il sous un tel système pour le placement de ses capitaux ou l'emploi de son travail? — De plus, dans l'organisation vague des districts avec le vague de leurs limites, il est souvent impossible de déterminer par quel code une localité est gouvernée. De tels cas se sont déjà présentés dans plusieurs districts et peuvent se représenter dans toute partie de l'État, et sous le système actuel il n'y a pas d'autre sauvegarde qu'un levé de limites de chaque district, dépense qui serait incalculable.

2° Quant à la permanence des règlements mêmes tels qu'ils sont, elle n'est actuellement garantie en aucune manière. Un *meeting* de mineurs adopte un code : c'est, selon toute apparence, la loi. Quelque temps après, à quelques jours d'avis, une garde de caporal s'assemble, et sur une simple motion change radicalement tout le système sous lequel les *claims* sont occupés dans le district. Avant d'avoir le temps de traverser l'État, les lois d'un district qu'une personne peut avoir étudiées et comprises peuvent être annulées et ne plus exister comme loi gouvernant l'intérêt qu'il a acquis, et ce changement a été si brusque qu'il ne pouvait, même avec

*nation*. A côté de ce principe on trouvait dans le projet des ménagements en faveur de la propriété : ainsi le propriétaire de la surface, quand il s'agissait de mines se trouvant sur sa propriété, était préféré à tous autres, si, dans les six mois, il déclarait vouloir exploiter, et si, de plus, il offrait des garanties pour une bonne exploitation.

Il avait été admis en outre que la recherche et l'exploitation des mines devaient être soumises à la surveillance et à la direction du gouvernement, qui devrait prendre des mesures convenables pour ménager cette source de richesses et favoriser les grandes entreprises.

toute raisonnable diligence, en prendre connaissance. Mais si les lois étaient uniformes et enregistrées dans le livre des statuts de l'Etat, il aurait sécurité dans sa teneur et avis raisonnable de tout changement qui y serait apporté.

3° Quant à la protection pour le mineur et à l'encouragement au capitaliste, le présent système ou plutôt le manque actuel de système ne donne ni l'un ni l'autre. La cause de l'incertitude des titres aux terres dans l'Etat voisin de Californie, n'a pas, durant quinze années de son histoire, plus paralysé ses progrès que l'incertitude des titres de mines ne retarde maintenant les nôtres. Il y a cinq ans qu'une horde affamée d'explorateurs venus de toutes les parties de la côte du Pacifique balayèrent notre Etat, laissant leurs avis de « *location* » sur toutes inclinaisons, contreforts et angles, aussi nombreux que les feuilles dans Villambrosa; et, après une couple d'années de mouvements fiévreux, repartirent en essaims pour les champs nouveaux d'Idaho et de Montana, ne laissant rien après eux pour marquer leur passage que leurs avertissements moisissant sur les collines, le burlesque de leurs travaux de répartition, et les terreurs menaçantes des doctrines de la loi commune sur les droits acquis. Voilà ce que les vrais citoyens de Nevada, ceux qui ne perdent jamais foi dans son avenir, adhérant à sa fortune quelle qu'elle soit, recueillent du système ruineux de règles de districts non codifiées. Ils voient des milliers de *cla'ms* dans lesquels les capitaux s'engageraient avec empressement si l'on pouvait donner des titres satisfaisants, rester maintenant négligés, parce qu'il n'y a pas encore de système d'abandon ou de sanction législative ou judiciaire suffisante pour gagner la confiance des gens d'affaires qui ne se contentent pas d'un « je crois en général » ou d'une tendance évidente des décisions, mais qui insistent sur une législation positive ou une adjudication définitive........

Ce projet fut vivement attaqué dans le sein de l'Assemblée. Les conséquences de la propriété de la surface préoccupaient fortement les esprits, à cette époque surtout où l'on était encore si rapproché de la *Déclaration des droits de l'homme et du citoyen*. Le moment était propice pour défendre la cause des propriétaires du sol. Une tendance respectable, même dans ses abus, faisait exagérer souvent les droits individuels même en présence de ceux de la société, par cela seul qu'ils avaient été trop longtemps méconnus. Le droit des superficiaires sur le tréfonds devait trouver de zélés partisans au sein de l'Assemblée.

Une vive discussion s'engagea au sujet du premier article qui portait que les mines sont la propriété de la nation et un autre projet fut proposé par Heurtaut-Lamerville, député du Cher, qui disait au contraire dans son premier article : « Les mines et minières font partie de la propriété foncière et individuelle des citoyens. » Il en exceptait seulement les mines d'or et d'argent qui, par leurs rapports monétaires, se trouvaient placées sous la direction immédiate du gouvernement, sauf l'indemnité préalable pour la valeur de la *superficie* (art. 3). Les autres mines devaient être soumises à la surveillance de la nation et à l'inspection de l'administration publique (art. 2). Tout propriétaire était obligé de souffrir sur son terrain les recherches de l'administration (art. 4). Après la découverte d'une mine, des circonscriptions devaient être formées pour l'exploitation, et les propriétaires de la circonscription pouvaient s'entendre pour se charger de l'entreprise (art. 6). L'art. 7 conférait à l'administration le droit de donner à d'autres l'exploitation, quand les propriétaires ne vou-

draient pas s'en charger, mais sous la condition du paiement d'une indemnité.

Ce nouveau projet complètement opposé au premier dans
son principe arrivait à des conséquences presque identi-
ques. On ne reconnaissait, en effet, au propriétaire de la
surface de droit réel aux mines, qu'autant qu'elles seraient exploitées par circonscription, conformément aux
règles établies pour la plus grande utilité générale. Le plus
souvent ces circonscriptions auraient englobé plusieurs
propriétés. Il y avait donc nécessité pour les propriétaires
de s'associer et d'agir simultanément, ce qui, par le fait,
leur enlevait presque la faculté d'exploiter, à cause des difficultés qui devraient nécessairement surgir de cette in-
division forcée.

La loi, qui dans son ensemble fut adoptée le 12 juillet
1791, et sanctionnée le 28 du même mois, régla les formalités à remplir pour, obtenir une concession; le maximum d'étendue des concessions; l'époque à laquelle un
concessionnaire devrait commencer à exploiter et l'intervalle de temps après lequel la cessation des travaux annu-
lerait la concession, le cas de renonciation à la concession
et ses effets; l'irrévocabilité de la concession pendant
tout le temps de sa durée; les devoirs des concessionnaires envers le public et le gouvernement et envers
les propriétaires de la surface. Quant à la compétence, les
tribunaux administratifs devaient connaître de tout ce qui
avait rapport à la validité ou nullité des concessions; les
tribunaux civils, des indemnités dues aux propriétaires et
des infractions aux règlements de police.

Cette loi sortie de la lutte de deux principes antagonistes a bien conservé le caractère de son origine. Il serait difficile de dire quelle doctrine a dominé dans son ensemble. — D'une part : droit exclusif du propriétaire de la surface à la jouissance des mines qui peuvent être exploitées, ou à tranchée ouverte ou avec fosse et lumière jusqu'à cent pieds de profondeur (art. 1er). Préférence de ce propriétaire sur tous les demandeurs en concession pour les autres mines (art. 3). Faculté pour lui d'exploiter, sans avoir besoin d'aucune permission, toutes substances autres que celles indiquées dans l'article 1er (art. 2). Défense de faire à d'autres que lui des concessions qui excèdent cinquante ans (art. 19). Voilà ce qui fut donné aux partisans de la propriété privée. — D'autre part : déclaration de la loi mettant les mines à la disposition de la nation (art. 1er). Droit pour le gouvernement de concéder à d'autres qu'au superficiaire (art. 3). Négation de toute indemnité à son profit s'il n'exploite par lui-même (art. 1er et 21). Retour à l'État en cas d'abandon de la mine (art. 15). Voilà ce qui fut accordé aux défenseurs de la propriété publique.

Cette combinaison des deux systèmes qui avaient transigé dans la rédaction de la loi n'amena pas les résultats qu'on en avait espéré. En voulant en même temps réserver les droits de l'Etat et faire une large part à la propriété foncière, le législateur consacra des anomalies dont les funestes conséquences ne tardèrent pas à se faire sentir. Une instruction ministérielle du 18 messidor an IX tenta de pourvoir aux défectuosités de la loi, mais c'était un palliatif insuffisant et une nouvelle loi sur les mines était nécessaire.

Avant d'aborder l'étude de la législation moderne, nous consacrerons un chapitre à la recherche du principe du droit de propriété sur les mines. Cela nous permettra d'apprécier les diverses phases de la législation que nous avons résumée, de comparer ce qui est avec ce qui a été, et d'émettre plus tard des vœux sur les modifications qui pourraient être apportées sans danger, selon nous, à notre législation actuelle.

# TROISIÈME PARTIE

## LÉGISLATION ACTUELLE

### CHAPITRE PREMIER

#### Du principe de la propriété des Mines.

Il n'est pas douteux, d'après les principes fondamentaux de notre droit civil (1), que le propriétaire de la surface du sol soit en même temps propriétaire de la portion du sous-sol nécessaire à l'accomplissement de certains actes qui ne sont que l'exercice du droit de propriété Mais il ne faut pas confondre ce sous-sol avec le dessous du sol à toute profondeur, avec le tréfonds où se trouvent les richesses minérales. A qui doit, en principe, appartenir ce tréfonds? Question grave, sur laquelle on a longtemps disserté sans être arrivé à se mettre d'accord. Quatre systèmes principaux résument les différentes opinions qui ont été émises,

(1) C. Nap., art. 514, 552.

système de l'occupation, système de l'accession, système de
la domanialité des mines, système qui considère les mines
non concédées comme des choses *nullius*.


*Le système fondé sur l'occupation* n'a jamais joui d'un
gran. crédit, malgré l'autorité du célèbre économiste qui y
a attaché son nom. L'idée de regarder les mines comme des
épaves, comme des biens sans maître et d'en attribuer la
propriété au premier occupant, conduirait dans la pratique
à une confusion et à des conflits désastreux pour l'industrie minérale.

Un exemple remarquable des dangers que nous signa-
lons, est donné par les faits qui se sont passés dans certain pays d'Amérique qui doit à ses mines toute sa re-
nommée. Là, le système fondé sur l'occupation était en vigueur; or, si l'on jette un regard rétrospectif sur les dernières
dix-huit années de l'histoire de la Californie, on ne peut
manquer de remarquer que cet Etat, par suite de l'application d'un mauvais système, a perdu des sommes considérables. Le travail était fait principalement par des gens
sans domicile permanent, qui n'avaient pas l'intention de
rester en Californie. Leurs entreprises fondées sur le droit
d'occupation avaient généralement pour but de faire le plus
grand profit possible dans un court espace de temps. Il n'y
avait pas de souci d'un avenir éloigné et sans un tel souci
aucune société n'est bien réglée, aucun Etat n'est réellement prospère. Si une propriété pouvait par des lavages
hâtifs rapporter dix dollars par jour par ouvrier pendant
trois mois, au lieu de six dollars pendant trois ans par un
lavage fait avec soin, le lavage hâtif était préféré. Si une

vallée fertile qui aurait produit à un fermier un revenu de cinq dollars par an pendant des années, pouvait produire à un mineur cinq dollars par jour pendant un été, son sol était enlevé par les lavages et un lit de gravier était laissé à sa place. Les conduits d'eau, les fossés, les bâtiments, les routes, les villes même n'étaient construites qu'en vue de besoins immédiats. Les prises de terre étaient très limitées pour que chacun pût avoir la sienne, mais la terre à laver s'épuisait et des déplacements étaient inévitables ; dans un tel état de choses, les mineurs ne pouvaient faire venir leurs familles et se bâtir des résidences élégantes. La vie isolée et la privation des jouissances de la famille les rendaient prodigues et extravagants. N'ayant point de titre à la terre, ils ne faisaient rien pour lui donner de la valeur et étaient prêts à l'abandonner à tout moment. Les fermiers, les marchands et autres résidents à demeure fixe des comtés à mines étaient agités et effrayés presque chaque année par le danger de l'émigration des mineurs pour quelque région éloignée. Les pertes subies par les particuliers et par l'Etat, par suite de cet état de trouble continuel y étaient si grandes, que chaque année s'était accru le désir de quelques changements dans l'occupation des terres à mines. La loi du congrès passée en 1866 pour accorder des titres en fief *(in fee simple)* pour les mines en veines et pour les terres agricoles dans les districts de mines, est le commencement d'une ère nouvelle et meilleure dans l'histoire de la côte du Pacifique. Aussi cette loi a-t-elle été accueillie avec faveur par les mineurs intelligents et par les hommes publics de l'Etat de Californie (1).

(1) Cette loi du congrès, approuvée en août 1866, a eu pour but principal de légaliser l'occupation des terres à mines. Tout en consacrant le prin-

*Le système de l'accession* que Mirabeau combattit éner-
giquement dans un célèbre discours sur la loi de 1791,
pouvait séduire des légistes imbus des principes de l'ancien
droit romain. Mais un tel système, qui considère le tréfonds
minéral comme une dépendance de la propriété de la surface, serait aussi de nature à entraîner de graves inconvénients au point de vue de l'exploitati︰ ︰ ︰ s mines dans un
pays comme le nôtre où la propriété est si complétement
morcelée. La fiction sur laquelle il repose, contraire au
droit naturel, conduirait à des conséquences opposées aux
principes de l'économie politique et nuisibles à l'intérêt
public bien entendu. Les richesses souterraines ont un tel
caractère d'utilité publique, qu'on a toujours hésité à les
laisser à la disposition absolue des propriétaires du sol, et
d'un autre côté, l'équité dit que le superficiaire est cependant investi d'un droit certain sur le tréfonds.

Nous avons vu comment l'Assemblée nationale, préoccu-
pée en 1791 des abus produits par l'application des principes du droit régalien, se montrait peu disposée à les
maintenir en se bornant à faire passer des mains du roi
aux mains de la nation la libre disposition des mines.
Heurtant-Lamerville se fit le champion du système de
l'accession, et Mirabeau prit la parole pour soutenir le
projet des comités :

cipe de la liberté d'exploration dans les terres publiques, elle astreint
les inventeurs de mines à certaines obligations par l'accomplissement
desquelles ils pourront devenir propriétaires incommutables des mines
faisant l'objet de leur découverte. Des titres de concession (patents) sont
accordés sous certaines conditions à ceux qui en font la demande. Cette
loi spéciale à l'occupation des mines dans les terres publiques est d'ailleurs étrangère aux mines situées dans les terres privées. Pour ces dernières, c'est le système de la liberté absolue des exploitations qui est
consacré par la législation américaine.

« . Veut-on examiner, dit-il (1), si les mines sont essentiellement des propriétés privées, dépendantes de la surface
qui les couvre ? Je dis que la société n'a fait une propriété
du sol qu'à la charge de la culture, et sous ce rapport, le sol
ne s'entend que de la surface. Je dis que, dans la formation
de la société, on n'a pu regarder comme propriété que les
objets dont la société pouvait alors garantir la conservation.
Or, comment aurait-on empêché qu'à douze cents pieds au-
dessous d'un propriétaire, on exploitât la mine que le propriétaire aurait prétendu lui appartenir ? Je dis que si
l'intérêt commun et la justice sont les deux fondements de
la propriété, l'intérêt commun ni l'équité n'exigent pas
que les mines soient des accessoires de la surface. Je dis
que l'intérieur de la terre n'est pas susceptible d'un partage,
que les mines, par leur marche irrégulière, le sont encore
moins, que quant à la surface, l'intérêt de la société est
que les propriétés soient divisées, que dans l'intérieur de
la terre il faudrait, au contraire, les réunir, et qu'ainsi la
législation qui admettrait deux sortes de propriétés comme
accessoires l'une de l'autre, et dont l'une serait inutile par
cela seul qu'elle aurait l'autre pour base et pour mesure,
serait absurde. Je dis que l'idée d'être maître d'un torrent
et d'une rivière qui répond sous la terre à la surface de
nos champs me paraît aussi singulière que celle d'empêcher le passage d'un ballon dans l'air, qui répond aussi à
coup sûr au sol d'une propriété particulière. Je dis que la
prétention de regarder les mines comme un accessoire de
la surface et comme une véritable propriété est certaine-
ment très nouvelle ; car je voudrais bien savoir si quelque

(1) Premier discours sur les mines, séance du 21 mars 1791, discours
et opinions de Mirabeau, t. III, p. 439

acheteur s'est jamais avisé de demander une diminution de prix, ou de faire casser une vente, parce qu'il aura découvert qu'une mine aurait été fouillée sous l' sol qu'il a acheté ; il pourrait cependant soutenir qu'il avait droit à tout, et qu'en achetant le sol il voulait pénétr r au fond de la terre. Enfin, je dis qu'il n'est presque aucune mine qui répond physiquement au sol de tel propriétaire La direction oblique d'une mine, de l'est à l'ouest, la fait toucher dans un très court espace à cent propriétés différentes... Si la nation peut et doit concéder les mines, ajoutait Mirabeau, les mines, sous ce rapport et dans ce sens, sont donc à la disposition nationale. »

L'utilité sociale exige, en effet, que la propriété des mines soit distincte et séparée de celle du sol : cette vérité a été si bien reconnue de tous temps dans nos sociétés modernes, qu'en regard du système de l'accession, on trouve le système diamétralement contraire de la *domanialité*.

D'après ce *troisième système*, les mines ne sont que des biens domaniaux ordinaires, appartenant en toute propriété à l'Etat qui se trouve maître, ainsi que l'est tout propriétaire à l'égard de ce qui lui appartient, de les exploiter lui-même ou de les aliéner au profit des particuliers. Nous savons que sous l'ancienne monarchie, c'était le système de la domanialité qui dominait : les mines étaient régies par le droit régalien : « Toute notre législation disait Regnault d'Epercy à l'Assemblée constituante, à dater de la première race de nos rois jusqu'à nos jours, nous présente les mines comme propriétés royales et domaniales. » Des raisons tirées de l'économie politique militent en faveur de ce sys-

tème, mais les conséquences qu'on en a tirées nous paraissent trop absolues. Le régime de l'exploitation des
mines par l'Etat, favorable dans quelques circonstances exceptionnelles, est funeste dans la plupart des cas. Il supprime l'initiative individuelle, il détruit la propension aux
recherches de mines que l'Etat doit encourager, il institue
un monopole d'autant plus dangereux qu'il subsiste sans
contrepoids, il nuit au développement des manufactures
en portant à un taux élevé le prix des matières premières,
il entretient l'esprit de routine que la libre concurrence
peut seule détruire, enfin il compromet l'autorité morale
du gouvernement, en lui faisant attribuer, dans les temps
difficiles, par une classe nombreuse qu'il emploie comme
entrepreneur, toute la responsabilité de mécontentements
et de souffrances nés de perturbations commerciales.

Pour éviter tous ces inconvénients, on a proposé d'autres
moyens d'utiliser les mines au profit du domaine, tels que
la vente aux enchères publiques et sur mise à prix au profit de l'Etat, l'établissement sur les mines d'un impôt spécial, la réserve au profit de l'Etat de la condition de rachat
ou du droit de se porter actionnaire dans les sociétés de
mines, mais tous ces palliatifs sont loin de présenter les
avantages des concessions admises par la loi du 21 avril
1810. On y arrive par l'application du *quatrième système*
que nous allons exposer.

Dans ce système auquel nous nous rangeons avec MM. Mi-
chel Chevalier, Wolowski et Edouard Dalloz, les mines
non concédées n'appartiennent à personne, pas même à
l'Etat ; mais l'Etat, agissant comme tuteur de la richesse pu-

blique et comme représentant des intérêts généraux, crée,
par voie de concession, un droit de propriété sur le tréfonds minéral, au profit de particuliers qui présentent des
garanties spéciales pour la bonne exploitation de ce tréfonds. Ce système n'exclut pas le droit de l'Etat à une redevance sur les mines, ni le droit des propriétaires de la
surface à la redevance tréfoncière. D'un côté, en effet, il
est juste que le concessionnaire tienne compte à la nation
de la plus grande valeur donnée à la mine par le milieu
social dans lequel elle se trouve placée d'avance, valeur qui
est le résultat du travail accumulé de plusieurs générations.
D'un autre côté, quoique dans ce système le propriétaire
de la surface ne puisse se plaindre d'une expropriation,
quant au tréfonds, opérée à son préjudice, il souffre, par le
seul fait de la concession, d'une dépréciation de sa propriété superficielle, dépréciation pour laquelle indemnité
lui est due.

Le législateur moderne appelé à faire un choix, pour
organiser la propriété des mines, entre les diverses idées
que nous venons de résumer, est arrivé, presque malgré lui,
et après de longs tâtonnements, au dernier système, sans
toutefois le proclamer d'une manière nette et précise dans
la loi de 1810.

# CHAPITRE II.

Le projet de cette loi nouvelle fut lu pour la première fois au conseil d'Etat le 22 mars 1806, et Napoléon qui présidait la séance posa des bases. Il dit que : « Quoique les mines fussent comme les autres biens susceptibles de tous les droits que donne la propriété, elles n'étaient cependant pas des propriétés de la même nature que la surface du sol et les produits qui en naissent, que ces sortes de propriétés devaient être régies par des lois particulières et que ceux-là seulement pouvaient se prétendre propriétaires à qui la loi déférait cette qualité. Mais au-delà, ajouta-t-il, la propriété des mines doit rentrer entièrement dans le droit commun ; il faut qu'on puisse les vendre, les donner, les hypothéquer, d'après les mêmes règles qu'on engage une ferme, une maison, en un mot un immeuble quelconque ; il faut aussi que les contestations qui s'élèvent à ce sujet soient jugées par les tribunaux (1). » Et l'Empereur renvoya le projet à la section de l'intérieur qui fut chargée de présenter une rédaction nouvelle.

Cette seconde rédaction faite d'après les bases posées le 22 mars 1806, ne parut au Conseil d'Etat que plus de

(1) Locré, édition de 1827, t. IX, p. 143.

deux ans et demi après, le 21 octobre 1808. Napoléon présidait encore la séance (1). Fourcroy développa le système
de la propriété publique sans aucune restriction, et l'appuya
sur les différentes législations de l'Europe.

C'est alors que l'Empereur présenta de nouvelles observations tendant à concilier l'intérêt des superficiaires et
l'intérêt public.

« Le projet de loi, dit-il, doit reposer sur les bases suivantes : il faut d'abord poser clairement le principe que la
mine fait partie de la propriété de la surface. On ajoutera
que cependant elle ne peut être exploitée qu'en vertu d'un
acte du souverain. La découverte d'une mine crée une propriété nouvelle. Un acte du souverain devient donc nécessaire pour que celui qui en a fait la découverte puisse en
profiter, et cet acte en réglera aussi l'exploitation. Mais
comme le propriétaire de la surface a des droits sur la
propriété nouvelle, l'acte doit aussi les liquider (2). »

Napoléon ajoutait :

« Qu'on décide, en général, qu'il sera payé une redevance au propriétaire .... Dans la rigueur des principes,
le propriétaire du sol devrait être libre de laisser exploiter

(1) La discussion fut interrompue de nouveau, après cette séance,
jusqu'au 4 avril 1809. Depuis lors, elle ne souffrit plus d'interruption et
elle occupa les séances des 4 et 8 avril, 20, 24 et 27 juin, 1, 4, 8, 11 et 15
juillet ; 10, 17, 24 et 31 octobre ; 4, 7, 11, 18 novembre 1809 ; 9 et 18 janvier, 3, 13 et 24 février 1810.

La commission d'administration intérieure du Corps législatif fit ses
observations qui furent soumises à la délibération du conseil d'Etat, dans
la séance du 24 mars.

Le 13 avril suivant, M. le comte Regnault de Saint-Jean d'Angély fit
son Exposé de motifs, et le 21, M. le comte Stanislas Girardin, le rapport.
La loi fut adoptée le même jour par le Corps législatif, à la majorité de
230 voix contre 11, et la promulgation eut lieu le 1er mars 1810.

(2) Locré, t. IX, p. 133.

ou de ne pas laisser exploiter; mais, puisque l'intérêt général oblige de déroger à cette règle à l'égard des mines, que du moins le propriétaire ne devienne pas étranger aux produits que la chose donne, car alors il n'y aurait plus de propriété. »

A partir de ce moment , la discussion se continua régulièrement au Conseil d'Etat. Napoléon présidait souvent; en cas d'absence, il était remplacé par l'archichancelier Cambacérés La discussion fut très longue et donna lieu à plusieurs rédactions successives. Mais les idées de Napoléon sur la question de la propriété des mines, faiblement combattues par quelques conseillers d'Etat, partisans du droit régalien, finirent par l'emporter.

« On a reconnu, lit-on dans l'*Exposé de motifs* (1), d'un côté, qu'attribuer les mines au domaine public, c'était blesser les principes consacrés par l'art. 552 du Code civil, dépouiller les citoyens d'un droit consacré, porter atteinte à la grande charte civile, premier garant du pacte social.

» On a reconnu, de l'autre, qu'attribuer la propriété de la mine à celui qui possède le dessus, c'était lui reconnaître, d'après la définition de la loi, le droit d'user et d'abuser, droit destructif de tout moyen d'exploitation utile; droit opposé à l'intérêt de la société, qui est de multiplier les objets de consommation, de reproduction, de richesse; droit qui soumettrait au caprice d'un seul la

_____

(1) *Exposé de motifs*, par M. le comte Regnault (de Saint-Jean-d'Angely), dans la séance du Corps législatif du 13 avril 1810, v. § 1).

disposition de toutes les propriétés environnantes de nature semblable; droit qui paralyserait tout autour de celui qui l'exercerait, qui frapperait de stérilité toutes les parties de mines qui seraient dans son voisinage.

» De ces vérités on a déduit tout naturellement cette conséquence, que les mines n'étaient pas une propriété ordinaire à laquelle put s'appliquer la définition des autres biens et les principes généraux sur leur possession tels qu'ils sont écrits dans le Code civil.

» Et cependant, pour que les mines soient bien exploitées, pour qu'elles soient l'objet du soin assidu de celui qui les occupe, pour qu'il multiplie les moyens d'extraction, pour qu'il ne sacrifie pas à l'intérêt du présent l'espoir de l'avenir, l'avantage de la société à ses spéculations personnelles, il faut que les mines cessent d'être des propriétés précaires, incertaines, non définies, changeant de main au gré d'une législation équivoque, d'une administration abusive, d'une police arbitraire, de l'inquiétude habituelle de leurs possesseurs.

» Il faut en faire des propriétés auxquelles toutes les définitions du Code civil puissent s'appliquer.

» Il faut que ces masses de richesses placées sous de nombreuses fractions de la superficie du territoire, au lieu de rester divisées comme cette superficie même, deviennent, par l'intervention du gouvernement, et en vertu d'un acte solennel, un ensemble dont l'étendue sera réglée, qui soit distincte du sol, qui soit en quelque sorte une création particulière.

» Dans cette création, le droit du propriétaire de la surface ne doit pas être méconnu ni oublié; il faut, au contraire, qu'il soit consacré pour être purgé; réglé pour être

acquitté, afin que la propriété, que l'acte du gouvernement désigne, définit, limite et crée en vertu de la loi, soit
d'autant plus invariable, plus sacrée, qu'elle aura plus stric-
tement satisfait à tous les droits, désintéressé même toutes les prétentions..... »

Le législateur de 1810 voulait donner pour point de départ à la loi des mines la consécration du droit d'accession, et cependant loin d'assurer aux propriétaires de la
surface des droits aussi avantageux que la loi de 1791, il
les amoindrit considérablement. Préoccupé d'établir la pré-
dominance de l'intérêt général sur l'intérêt particulier, du
droit social sur le droit individuel, il a fait à l'État une
large part dans la disposition des richesses minérales.

En effet, d'après les principes de cette loi, les mines ne
peuvent être exploitées qu'en vertu d'un acte de concession
délibéré en Conseil d'État, et le gouvernement a la liberté la plus absolue pour le choix du titulaire (1). Les
mines sont par ce fait à la disposition du gouvernement,
et la loi nouvelle sans rappeler le principe placé en tête
de la loi de 1791 et méconnu par celle-ci, l'applique dans
toute son étendue. Les concessions qu'elle accorde n'ont
de commun avec les anciennes que le nom ; elles sont per-
pétuelles, et la propriété de la mine, *propriété nouvelle
créée par l'acte de concession*, réside sur la tête du concessionnaire (2). Le propriétaire du sol a droit à une redevance réglée par l'acte de concession (3).

(1) V. art. 5 et 16, loi du 21 avril 1810.
(2) V. art. 7 et 10,      *ibid.*
(3) V. art. 6 et 12.      *ibid.*

Une étude attentive de la discussion de la loi conduit à reconnaître que la lutte des deux principes qui se disputaient la prépondérance a empêché encore une fois le législateur d'opter résolument et de se prononcer avec fermeté pour l'un ou pour l'autre. Un grand nombre de conseillers, rappelant les abus qu'avaient produits la reconnaissance du droit des superficiaires dans la loi de 1791, soutenaient le système de la propriété publique d'une manière absolue. Napoléon, au contraire, voulait tout rapporter à son Code, et craignant de voir la discussion s'égarer si on invoquait le droit naturel et l'équité, il prétendait que le droit des superficiaires avait sa source dans l'article 552 du Code civil.

« Il faut d'abord, disait-il, poser clairement le principe que la *mine fait partie de la propriété de la surface.*

» On ajoutera que cependant elle ne peut être exploitée qu'en vertu d'un acte du souverain.

» La découverte d'une mine crée une propriété nouvelle; un acte du souverain devient donc nécessaire pour que celui qui a fait la découverte puisse en profiter, et cet acte en réglera aussi l'exploitation; mais comme le propriétaire de la surface a des droits sur cette propriété nouvelle, l'acte doit aussi les liquider (1). »

Napoléon n'a cessé de répéter dans toutes les discussions, et avec la plus grande persistance, que la mine fait partie de la propriété de la surface; que le propriétaire du dessus est le propriétaire du dessous, d'après l'art. 552 du

(1) Locré, p. 153, séance du 21 octobre 1808.

Code civil, et que l'acte de concession crée cependant une propriété nouvelle (1). Mais il a résolu lui-même la contradiction apparente dans laquelle il était tombé, en donnant au droit du superficiaire une forme heureuse, celle d'une redevance.

« Il faut poser en principe, disait-il dans la séance du 18 novembre 1809, que les mines sont des biens dont la propriété ne s'acquiert que par concession, que le proprié-

(1) Dans la séance du 8 avril 1809 (Locré, p. 103), Napoléon dit qu'il faut se bien fixer sur le caractère d'une concession. On trouve dans une instruction donnée par le ministre de l'intérieur des définitions et des règles sur les fouilles des mines, qui conduiraient à reconnaître le propriétaire du dessous pour propriétaire de la surface. Il faut, au contraire, maintenir le principe du Code civil, afin qu'on ne vienne pas ouvrir dans la propriété d'autrui et la ravager arbitrairement.

Une mine est une propriété nouvelle susceptible d'être concédée.

Les règles de la concession doivent sans doute être établies dans l'esprit de favoriser l'exploitation des mines, mais sans nuire au droit de propriété.

Que le concessionnaire et le propriétaire du sol soient donc entendus contradictoirement, que leurs intérêts soient balancés et conciliés et que l'acte de concession les détermine.

. . . . . . . . . . . . . . . . . . . .
Napoléon dit que plus il y réfléchit, plus il trouve exacte la définition qui qualifie les mines de propriété nouvelle : il faut que l'acte de concession purge toutes les propriétés antérieures, celles de la superficie et même celle de l'inventeur.

Dans une autre séance (Locré, p. 343), Napoléon dit qu'il y a un très grand intérêt à imprimer aux mines le cachet de la propriété. Si l'on n'en jouissait que par concession en donnant à ce mot son acception ordinaire, il ne faudrait que rapporter le décret qui concède, pour dépouiller les exploitants ; au lieu que, si ce sont des propriétés, elles deviennent inviolables. Napoléon lui-même, avec les nombreuses armées qui sont à sa disposition, ne pourrait néanmoins s'emparer d'un champ, car violer le droit de propriété dans un seul, c'est le violer dans tous. Le secret ici est donc de faire des mines de véritables propriétés, et de les rendre par là sacrées, dans le droit et dans le fait.

Et le 13 février 1810 (Locré, p. 422), Napoléon dit que le Code civil en

taire de la surface y a des droits, que ces droits sont réglés par l'acte portant concession de la mine.

» On doit regarder les mines comme des choses qui ne sont pas encore nées, qui n'existent qu'au moment où elles sont purgées de la propriété de la surface, et qui, à ce moment même, deviennent des propriétés par l'effet de la concession.

« *Avant la concession, les mines ne sont pas des propriétés, mais des biens.* »

Par l'établissement d'une redevance, le législateur a mis le superficiaire hors de cause en le désintéressant, et il a donné au gouvernement une liberté complète pour attri-

---

employant ces expressions, *le propriétaire du dessus l'est aussi du dessous*, a voulu consacrer le principe qu'en France les terres ne sont sujettes à aucun droit régalien ou féodal, et laisser ainsi toute latitude au propriétaire; cependant le Code excepte de cette disposition les fouilles de mines, parce que la propriété du sol et celle de la mine ne sont pas inhérentes. La concession forme une propriété nouvelle, et même dans la main du propriétaire du sol, le droit d'exploitation est une richesse nouvelle; dès lors, il faut à son égard se servir des mêmes expressions qu'à l'égard de tout autre concessionnaire; il lui faut aussi un acte qui lui confère ce droit et lui donne la propriété de la concession; cette mesure est dans son intérêt, car, propriétaire du sol et de la mine réunis, il peut cependant vouloir ne conserver qu'une de ces deux propriétés; il peut vouloir les séparer, en vendre une; il faut donc qu'il ait un titre qui réglera le sort de celui qui deviendra propriétaire du sol ou de la mine : par conséquent, lorsque le propriétaire du sol obtiendra la permission d'exploitation, l'acte de concession n'en devra pas moins déterminer la redevance imposée à la mine en faveur du sol. Le propriétaire semble la payer à lui-même, et cela est vrai tant qu'il réunit les deux objets; mais si on ne règle pas la redevance par l'acte de concession, si le propriétaire vend la mine, il faudra qu'il revienne au Conseil obtenir ce règlement; son acte de concession resterait donc jusque là incomplet, il serait empêché de vendre et peut-être exposé à remettre en discussion les conditions de la concession.

buer la concession, la propriété de la mine, à celui qui offrirait les garanties les plus sérieuses d'une bonne exploitation.

Quoi qu'il en soit, la doctrine est encore hésitante, et on retrouve dans la jurisprudence les hésitations de la doctrine sur le principe de la propriété des mines. Tantôt ses décisions ont été des conséquences du principe de l'accession; d'autres fois, au contraire, elles ont été plutôt des applications du système que les mines non concédées sont des choses *nullius*. Ce système est, suivant nous, celui qui a été implicitement consacré par la loi du 21 avril 1810 (1), pour les mines proprement dites.

(1) Le baron Locré (t. ix, p. 108) qualifie de *lumineuse* la discussion de la loi de 1810; M. l'avocat général de Raynal la trouve, au contraire, *longue* et *confuse* (Sirey, 1862, 1, 807). Quant à nous, s'il nous est permis de donner aussi notre sentiment, nous dirons que cette discussion ne nous a paru ni bien lumineuse ni trop confuse. On y voit surtout les difficultés presque insurmontables qui s'opposaient à une conciliation parfaite de l'organisation de la propriété du sol avec l'organisation de la propriété souterraine. Il est impossible d'en dégager un système net et précis: aussi en nous déclarant partisan de l'opinion qui considère les mines non concédées comme des choses *nullius*, nous avons pensé aux diverses conséquences consacrées par la loi elle-même, et qui font véritablement des mines des choses *nullius* d'une espèce particulière.

# CHAPITRE III.

## Classification.

Le législateur, voulant donner pour point de départ à la loi des mines une classification des substances minérales, a pris soin de les dénommer en entrant dans quelques détails. Il les a divisées en trois genres, puis il a défini ces genres en présentant une énumération des substances comprises dans chacun d'eux. Cette division tripartite des choses sur lesquelles porte la propriété minérale est consacrée par les art. 1, 2, 3 et 4 de la loi du 21 avril 1810 :

« Les masses de substances minérales ou fossiles renfermées dans le sein de la terre, ou existant à la surface, sont classées, relativement aux règles de l'exploitation de chacune d'elles, sous les trois qualifications de mines, minières et carrières.

» Seront considérées comme mines celles connues pour contenir en filons, en couches ou en amas, de l'or, de l'argent, du platine, du mercure, du plomb, du fer en filons ou couches, du cuivre, de l'étain, du zinc, de la calamine, du bismuth, du cobalt, de l'arsenic, du manganèse, de l'antimoine, du molybdène, de la plombagine ou autres matières métalliques, du soufre, du charbon de terre ou de pierre, du bois fossile, des bitumes, de l'alun et des sulfates à base métallique.

» Les minières comprennent les minerais de fer, dits d'alluvion, les terres pyriteuses propres à être converties en sulfate de fer, les terres alumineuses et les tourbes.

» Les carrières renferment les ardoises, les grès, pierres à bâtir et autres, les marbres, granits, pierres à chaux, pierres à plâtre, les pouzzolanes, le trass, les basaltes, les laves, les marnes, craies, sables, pierres à fusil, argiles, kaolin, terres à foulon, terres à poterie, les substances terreuses et les cailloux de toute nature, les terres pyriteuses regardées comme engrais : le tout exploité à ciel ouvert ou avec des galeries souterraines. »

Ce classement a une importance capitale ı ce qui concerne la propriété, l'exploitation, le mode et l'étendue de l'intervention du gouvernement.

Les mines seules forment une propriété distincte de celle de la surface ; elles ne peuvent être exploitées qu'en vertu d'une *concession* (1). Les minières peuvent l'être tantôt sans permission, tantôt en vertu d'une simple permission de l'autorité administrative selon que l'exploitation est à ciel ouvert ou souterraine (2). Enfin les carrières peuvent être exploitées sans permission, sous la simple surveillance de la police, quand l'exploitation a lieu à ciel ouvert, et sous la surveillance de l'administration quand elle a lieu par galeries souterraines (3).

(1) Art. 5, loi de 1810.
(2) Art. 57 *modifié*. — Loi du 9-17 mai 1866.
(3) Art. 81 et 82. — Loi de 1810.

5

C'est du fait de son classement et non du mode d'exploitation que dépend la concessibilité ou la non-concessibilité d'une substance minérale. La concession érigeant les mines seules en propriétés distinctes et indépendantes de la surface conduit à des conséquences auxquelles on n'arrive pas pour les minières et les carrières qui restent toujours des dépendances de la surface.

La combinaison de l'article 1er avec les articles 3, 4 et 5 de la loi de 1810 justifie cette proposition fondamentale que la qualification de mine concessible s'applique à tout gîte minéral d'après sa nature même, non d'après son mode d'exploitation. La même proposition résulte directement des termes mêmes de l'article 1er, et encore mieux de la discussion de la loi au Conseil d'Etat (1). Appelée plusieurs fois à consacrer la doctrine que nous venons d'énoncer, la jurisprudence administrative n'a pas hésité, et des gîtes minéraux exploités à ciel ouvert ont été régulièrement concédés, malgré les réclamations et les oppositions des propriétaires du sol (2).

La première rédaction de l'article 2, spécial aux mines, contenait une énumération limitative qui aurait pu faire naître des difficultés dans la pratique (3). La commission

(1) Séance du 20 juin 1809, § 3. Locré, p. 200 et s' lv. — Séance du 10 octobre 1809, § 3. Locré, p. 280.

(2) Ordonnance du 10 octobre 1839. — *Annales des Mines*, 3ᵉ série, t. XVI, p. 738. — Ordonnance du 19 juillet 1843. — Lebon, *Recueil des Arrêts du Conseil d'État*, t. III, p. 877. — Décret du 23 août 1853.

(3) La Cour de cassation, appelée à se prononcer, en 1832, sur le point de savoir si le sel gemme devait être classé parmi les mines concessibles, décida l'affirmative. Ce fut avec raison. On lit, en effet, dans le compte rendu de la discussion du 15 juillet 1809 (Locré, p. 283):

« M. le comte Regnault dit que les sels gemmes sont naturellement

du Corps législatif fit ajouter à la fin de l'énumération ces mots, *ou autres matières métalliques*, pour établir que toutes les matières métalliques étaient comprises dans les substances concessibles à titre de mines. Il faut donc y comprendre les minéraux qui ont quelque analogie avec ceux indiqués dans l'énumération et qui n'ont été l'objet d'applications industrielles que depuis 1810.

dans la classe des mines, lesquelles ne peuvent être exploitées que par concession et que le gouvernement a le droit de se réserver quand il lui plaît. Il suffit donc pour les soumettre a ces dispositions de ne pas les distinguer des autres mines. Quant aux sources et aux puits d'eau salée, ils n'ont rien de commun avec les mines, et dès lors il n'est pas nécessaire de s'en occuper dans le projet.

Il est vrai que plus tard (séance du 13 février 1810) Napoléon avait fait retrancher les mots de *sel gemme* qui se trouvaient dans le projet, et renvoyé la question à une commission chargée de présenter un projet de loi spéciale, qui n'avait pas été fait.

Cette loi spéciale sur les mines de sel, sources et puits d'eau salée, n'a paru que le 17 juin 1810, et tout en déclarant le sel concessible elle l'a soumis à quelques règles exceptionnelles.

# CHAPITRE IV.

## De la propriété des Mines.

### Des caractères de la propriété des Mines.

La propriété nouvelle que crée l'acte de concession d'une mine comme la propriété ordinaire peut être caractérisée par la définition de l'article 544 du Code civil. Elle est aussi le droit de jouir et de disposer des choses de la manière la plus absolue, pourvu qu'on n'en fasse pas un usage prohibé par les lois ou par les règlements.

Toutefois, les restrictions auxquelles est soumis l'exercice du droit de propriété souterraine, sont plus nombreuses et plus rigoureuses que lorsqu'il s'agit de la propriété ordinaire.

Les principaux caractères de la propriété des mines sont la perpétuité, la transmissibilité, l'inviolabilité.

La loi de 1791 n'accordait au concessionnaire qu'un droit temporaire (cinquante années) sur les mines. C'était un système nuisible au développement de l'industrie minérale. Le législateur de 1810 en comprit tous les inconvénients et rendit perpétuelle la propriété des mines.

Une fois fondée par acte de concession, la propriété mi-

nérale est disponible et transmissible comme tous autres
biens.

« A part la nécessité d'une concession, disait l'Empereur au Conseil d'État, dans la séanc 22 mars 1806,
la propriété des mines doit rentrer entièrement dans le
droit commun ; il faut qu'on puisse les vendre, les donner,
les hypothéquer, d'après les mêmes règles qu'on aliène
ou qu'on engage une ferme, une maison, en un mot un
immeuble quelconque..... » Telle est la pensée qui a été
consacrée par l'article 7 de la loi de 1810.

Un arrêté du Directoire exécutif du 3 nivôse an VI, avait
apporté une restriction importante à la libre disposition des
mines par le concessionnaire, mais ses dispositions ont été
implicitement abrogées par le silence de la législation postérieure. D'après l'arrêté du Directoire, les actes translatifs
de propriété de mines devaient être autorisés par le gouvernement : le texte formel de l'article 7 aurait dû faire
cesser toute controverse au sujet de la vitalité de l'arrêté
du Directoire. La difficulté a d'ailleurs été tranchée par un
avis du Conseil d'État du 21 août 1810, approuvé le 28 du
même mois, par un décret de Napoléon (1); or, on sait
que sous l'empire de la constitution du 22 frimaire an VIII,
l'article 2 de l'arrêté du 5 nivôse an VIII et l'article 2 de la

(1) *Loi du 21 avril 1810.* « Art. 5. — Les mines ne peuvent être exploitées qu'en vertu d'un acte de concession délibéré en conseil d'État.
» Art. 6. — Cet acte règle les droits des propriétaires de la surface sur
le produit des mines concédées.
» Art. 7. — Il donne la propriété perpétuelle de la mine, laquelle est
dès lors disponible et transmissible comme tous autres biens, et dont on
ne peut être exproprié que dans les cas et selon les formes prescrites pour
les autres propriétés, conformément au Code civil et au Code de procé-

loi du 16 septembre 1807, donnaient force de loi aux avis
interprétatifs du Conseil d'État lorsqu'ils avaient été ap-
prouvés par l'Empereur.

Une mine peut être l'objet d'un bail : c'est une conséquence du principe de la libre disposition par le concessionnaire. Le contrat de bail appliqué aux mines est régi
par les règles du Code Napoléon sur le louage, et par les
principes généraux en matière d'obligations convention-
nelles. L'inexécution d'un bail de mines peut donner lieu
à l'action en résolution et à des dommages et intérêts.

Dans le cas où une mine a été l'objet d'un bail, le titulaire de la concession continue de rester responsable,
envers le gouvernement et envers les propriétaires de la
surface, des diverses obligations qui incombent à sa charge
comme concessionnaire. Tant qu'il ne s'est pas opéré de
mutation de propriété à titre gratuit ou onéreux, la responsabilité ne se déplace pas.

La propriété des mines est placée, suivant nous, sous la
protection du principe de l'inviolabilité qui sauvegarde et

dure civile. — Toutefois, une mine ne peut être vendue par lots ou partagée sans une autorisation préalable du gouvernement, donnée dans les
mêmes formes que la concession. »

« Art. 8. — Les mines sont immeubles.

» Sont aussi immeubles les bâtiments, machines, puits, galeries et autres travaux, établis à demeure, conformément à l'article 524 du Code civil. — Sont aussi immeubles par destination, les chevaux, agrès, outils
et ustensiles servant à l'exploitation. Ne sont considérés comme chevaux
attachés à l'exploitation que ceux qui sont exclusivement attachés aux
travaux intérieurs des mines. — Néanmoins les actions ou intérêts dans
une Société ou Entreprise pour l'exploitation des mines, seront réputés
meubles, conformément à l'article 529 du Code civil.

» Art. 9. — Sont meubles les matières extraites, les approvisionnements et autres objets mobiliers. »

protège toutes les autres propriétés. Ce principe appliqué
aux mines est conforme à la nature des choses Il provoque et encourage l'initiative individuelle, et favorise ainsi
les progrès d'une industrie considérable qui en alimente
beaucoup d'autres, et contribue puissamment par son extension à la production de la richesse publique et des for-
tunes privées.

Cependant la doctrine n'a pas encore dessiné nettement
les conséquences de la création d'une propriété souterraine par acte du gouvernement. Le propriétaire de la surface peut-il, après l'acte de concession, comme il le pouvait avant, faire toute espèce de travaux dans l'étendue du
périmètre concédé? Celui qui a obtenu la concession est-il
obligé de subir ces travaux, quels qu'ils soient, sans pouvoir se plaindre d'un préjudice? Ces questions sont d'une
grande importance et présentent de sérieuses difficultés.

On peut dire que le droit du superficiaire, n'ayant pas
été limité par la loi, reste entier et que la mine est complètement asservie à la surface. On peut dire aussi que la
concession créant une propriété comme toutes les autres
d'après la loi et l'intention formelle du législateur, le superficiaire est tenu de la respecter et de ne faire aucun travail de nature à lui nuire. Voilà deux systèmes diamétralement opposés : l'un rend la mine vassale de la surface, et
l'autre rend la surface esclave de la mine. Ces deux systèmes
ont été soutenus (1). Ils nous paraissent l'un et l'autre 'rop

(1) Voyez *pour la surface* le réquisitoire de M. le procureur général Dupin, dans l'affaire Mine de Couzon c. Chemin de fer, et *pour la mine* Rey,
*De la Propriété des Mines*, t. 1, p. 439.

absolus, et nous croyons une transaction possible entre ces deux opinions.

La propriété du sous-sol, la propriété minérale créée conformément à la loi, est aussi inviolable que la propriété du sol. Mais la nature particulière de cette propriété souterraine conduit, dans la question qui nous occupe, à une distinction nécessaire. La propriété du mineur, postérieure à celle du superficiaire, est créée avec cette condition tacite pour le concessionnaire de respecter les travaux existants à la surface, lors de la concession, et de ne pas entraver ceux qui devaient être raisonnablement prévus Si donc, dans l'intérêt de ces travaux, l'administration lui interdit l'exploitation d'une partie du périmètre concédé ; si elle lui impose des travaux pour la consolidation du sol sous lequel la mine se trouve située ; si elle l'oblige à donner caution du dommage qu'il pourra causer au superficiaire (1), il ne peut dire qu'on aggrave ses charges ou qu'on restreint sa jouissance ; son droit, en effet, a pris naissance avec ces limites et ces conditions, inhérentes à la nature des choses et qu'il a acceptées par cela seul qu'il a dû les prévoir.

Cependant si le propriétaire du sol voulait entreprendre des travaux extraordinaires, et transformer complètement la surface, nous pensons que le concessionnaire pourrait se prévaloir de l'inviolabilité de sa propriété et s'opposer à l'exécution des travaux exceptionnels du superficiaire. Tel serait le cas où celui-ci voudrait, par exemple, creuser un étang. On ne pourrait sans injus-

(1) Art. 15, loi de 1810.

tice contraindre le propriétaire de la mine à subir ces travaux, ce serait presque lui interdire son exploitation; la loi le déclare propriétaire et sa propriété serait mise ainsi à la disposition de son voisin. La question est d'ailleurs beaucoup plus de fait que de droit, et les tribunaux apprécieront si les travaux de la surface, effectués après concession de la mine, ont dû entrer dans les prévisions du concessionnaire, et déclareront d'après cela si ces travaux sont permis.

Le principe de l'inviolabilité de la propriété souterraine pourra en un mot se trouver mitigé, dans certains cas, par des circonstances de fait.

C'est par application de ce principe d'inviolabilité qu'il a été jugé par un arrêt remarquable de la Cour de cassation, chambres réunies, le 3 mars 1841 , que le concessionnaire d'un chemin de fer qui pratique une voie souterraine à travers le périmètre d'une mine concédée antérieurement, sans aucune réserve en faveur du chemin de fer, et qui provoque par là un arrêté du préfet interdisant l'exploitation de la mine au-delà du point où elle pourrait compromettre l'établissement du chemin, doit indemniser le concessionnaire de la mine de l'éviction que lui fait subir cette mesure d'utilité publique.

Voici le résumé du procès à l'occasion duquel la jurisprudence a donné la solution que nous venons de rapporter.

En 1825, une ordonnance royale concéda la mine de houille du Couzon (Loire). L'année suivante, une autre ordonnance fit concession du chemin de fer de Lyon à Saint-

Étienne, et le tracé définitif à travers le monticule du Couzon, dans l'enceinte du périmètre de la mine, fut approuvé par l'administration. Pendant que l'on procédait au forage du tunnel, les travaux d'exploitation de la mine s'approchèrent de la voie souterraine de manière à compromettre la sûreté publique. Le préfet intervint et rendit, en vertu des pouvoirs qui lui sont conférés par la loi de 1810, un arrêté qui interdisait les travaux d'exploitation dans un certain massif déterminé par deux plans parallèles à l'axe du tunnel. Les concessionnaires de la mine se dirent expropriés et en appelèrent aux tribunaux pour obtenir une indemnité de 800,000 francs.

De son côté, la Compagnie du chemin de fer soutint que l'arrêté préfectoral n'était pas une expropriation, mais une mesure de police ne donnant droit à aucune indemnité. Le préfet revendiqua la cause, il éleva le conflit, mais son arrêté fut annulé.

La question fut alors portée devant le tribunal de Saint-Étienne, et par jugement du 31 août 1833, la Compagnie du chemin de fer fut condamnée à payer une indemnité à déterminer par experts. Sur l'appel, la Cour de Lyon annula le jugement (arrêt du 12 août 1835) et déclara la Compagnie du chemin de fer exempte de toute indemnité envers les intimés. Pourvoi devant la Cour de cassation. Le 18 juillet 1837, la chambre civile de la Cour cassa l'arrêt et renvoya les parties devant la Cour de Dijon.

Le débat n'avait donné lieu jusque-là qu'à des arrêts d'espèce; cette fois la question fut examinée en principe. La Cour de Dijon se demanda quels étaient les droits du propriétaire du sol après la concession, et, par un arrêt rendu en audience solennelle, le 25 mai 1838, elle déclara

que : « Même après la concession d'une mine, le propriétaire de la surface peut y faire toutes *les constructions et
les travaux* qui doivent en augmenter la valeur, creuser le
sol pour pratiquer des puits et des caves. — Que l'Etat
conserve le droit d'établir les chemins et les canaux que
réclament les besoins de l'industrie et de l'agriculture, et
que ces nouvelles constructions demeurent environnées
comme les anciennes de toutes les mesures de protection
et de conservation prévues par les articles 11, 15, 47 et
50, *à moins toutefois qu'il ne soit démontré que les travaux
entrepris par des particuliers auraient été faits, non dans
un but d'utilité réelle, mais seulement pour gêner l'exploitation de la mine et lui porter préjudice, ce que le juge devait
apprécier* (1). » En conséquence, la Compagnie du chemin
de fer fut encore déclarée exempte d'indemnité.

Le système de la Cour de Dijon est trop absolu. Admettre
que le propriétaire de la surface a conservé *tous* ses droits,
qu'il peut faire *tous* les travaux de nature à augmenter la
valeur de sa propriété, c'est dire qu'à ses yeux la mine
n'existe pas ; c'est dire qu'il peut la faire périr en transfor-
mant, par exemple, la surface en un étang ; c'est dire, en
un mot, et au mépris de la loi que la concession ne crée
pas une véritable propriété.

La Cour de Dijon a senti combien les conséquences de
ses principes pouvaient être choquantes dans certains cas,
aussi a-t-elle cherché à les atténuer en admettant une restriction *aux travaux entrepris par des particuliers ;* suivant

---

(1) Voyez dans un sens analogue un jugement du tribunal de Riom
du 25 juin 1857 (Société des mines de Pontgibaud c. Flandin).

elle, ces travaux ne sont licites qu'à la condition d'être faits dans un but d'utilité réelle et non pour gêner l'exploitation et lui porter préjudice, ce que le juge doit apprécier.

L'arrêt de la Cour de Dijon ne devait pas terminer le débat. Un nouveau pourvoi en cassation fut formé par les concessionnaires de la mine de Couzon. Devant toutes les chambres de la Cour suprême, réunies en audience solennelle, M. le Procureur général Dupin combattit le système de la Chambre civile et soutint celui de l'arrêt attaqué ; mais l'éloquence de l'orateur et les efforts du juriste restèrent impuissants ; la Cour cassa l'arrêt et donna la solution que nous avons rapportée.

La Chambre civile de la Cour de cassation, par un arrêt de rejet du 1er mars 1853, a sanctionné dans une autre question d'indemnité la doctrine que la Cour avait solennellement consacrée en 1841, en décidant que les propriétaires du sol qui éprouvent indirectement du préjudice par suite de l'interdiction d'exploiter une partie du périmètre d'une mine ont droit eux-mêmes à une indemnité.

Cette jurisprudence, vivement critiquée par un auteur, a été abandonnée depuis par la Cour de cassation (1).

Mais une affaire presque identique à celle des mines du Couzon, portée au Conseil d'État, s'est terminée par une solution conforme à celle des arrêts de la Cour de cassation des 3 mars 1841 et 1er mars 1853.

La Compagnie des mines de houille des Combes, concessionnaire dans le bassin de la Loire depuis 1825, fut frappée en 1844, par arrêté préfectoral rendu conformé-

(1) C. cass., 3 février 1837 ; — 17 juin 1837 ; — 31 mai 1859.

ment à une décision du ministre des travaux publics, de l'interdiction d'opérer aucune extraction, soit de houille, soit de matériaux à remblais à une distance moindre de trente mètres du plan vertical passant par l'axe du chemin de fer de Saint-Étienne à Lyon. A raison de cette interdiction, la Compagnie dut en 1859 arrêter son exploitation dans le voisinage du chemin de fer. Elle forma alors une demande en indemnité de 300,000 francs contre la Compagnie des chemins de fer de Paris à Lyon et à la Méditerranée.

L'instance était pendante devant la Cour impériale de Lyon, lorsque le préfet prit un arrêté de conflit qui fut confirmé par décret rendu au contentieux le 15 mars 1861; et, à la date du 10 mars 1862, le Conseil de préfecture de la Loire rejeta la demande en indemnité formée par la Compagnie des Combes contre le chemin de fer.

Sur requête adressée au Conseil d'État, la sentence du Conseil de préfecture fut annulée par le tribunal suprême administratif qui motiva principalement sa décision sur la postériorité de la concession du chemin de fer et sur l'article 24 de son cahier des charges, ainsi conçu :

« Si la ligne du chemin de fer traverse un sol déjà concédé pour l'exploitation d'une mine, l'administration déterminera les mesures à prendre pour que l'établissement du chemin de fer ne nuise pas à l'exploitation de la mine, et réciproquement pour que, le cas échéant, l'exploitation de la mine ne compromette pas l'existence du chemin de fer. Les travaux de consolidation à faire dans l'intérieur de la mine, à raison de la traversée du chemin de fer et tous les dommages résultant de cette traversée pour les concessionnaires, seront à la charge de la Compagnie. »

La question a paru si délicate au Conseil d'État et il a si bien aperçu les graves conséquences auxquelles sa solution pourrait conduire, si elle était rendue en termes absolus, qu'il s'est appuyé surtout pour la prononcer sur les termes de cet article 24 du cahier des charges de la Compagnie concessionnaire du chemin de fer, qui prévoit le cas où le chemin doit traverser un sol déjà concédé pour l'exploitation d'une mine.

Cette interprétation, trop rigoureuse à notre avis, a engagé le Conseil dans une jurisprudence qu'il devra inévitablement abandonner, dans l'intérêt des mines elles-mêmes, qui acquièrent d'autant plus de valeur qu'elles sont plus rapprochées de voies de transport faciles et rapides

## SECTION II.

### Des démembrements dont la propriété des Mines est susceptible.

La propriété des mines comme la propriété foncière est susceptible de démembrements partiels qui restreignent dans une certaine mesure l'utilité que le propriétaire d'une mine retire de cette nature de bien. L'usufruit et l'hypothèque sont les principaux démembrements que comporte la propriété souterraine. L'application du droit d'usage en cette matière est si rare que nous jugeons presqu'inutile de le mentionner. L'art. 598 du Code Napoléon traite de l'usufruit des mines en tant qu'il est la conséquence d'un usufruit général établi sur le fonds lui-même où sont situés les gisements minéraux (1). Cet article distingue entre le cas où ces mines seraient déjà en exploitation à l'époque de l'ouverture de l'usufruit et celui, au contraire, où ces mines ne seraient pas encore ouvertes à cette époque.

Au premier cas, la destination du fonds étant d'être mine, l'usufruitier en jouit comme en aurait joui le propriétaire ; au deuxième cas, comme il n'y a pas de raison de changer le principe que les substances minérales extraites du sol ne sont ni fruits ni produits, l'article les exclut de l'usufruit.

Des difficultés peuvent s'élever sur la question de savoir ce qu'il faut entendre par *mine en exploitation à l'ouverture de l'usufruit*. Ce sont là des questions de fait qui restent soumises à l'appréciation des tribunaux.

La Cour impériale de Lyon (1re chambre) a jugé par arrêt du 7 décembre 1866 (2) : « Qu'il n'y a exploitation de la mine dans le sens des articles 598 et 1403 que quand la mine est en train de pouvoir donner, au regard du propriétaire de la surface, les produits ou les redevances qui les représentent...; que si la mine existe avec son caractère d'unité et d'indivisibilité pour le concessionnaire sur toute

(1) Sous l'empire de la loi de 1791 la mine faisait partie du fonds qui la renfermait, elle ne pouvait donc jamais être grevée d'un usufruit distinct de celui qui portait sur la surface. D'après la loi de 1810, au contraire, la mine étant une propriété complètement séparée de celle du sol, elle est susceptible d'un usufruit distinct et régi, du reste, par les principes ordinaires du Code Napoléon en matière d'usufruit.

(2) *Journal du Notariat*, n° du 9 janvier 1867.

l'étendue de la concession, il n'y a véritablement de mine,
dans le rapport du propriétaire de la surface, et quant au
produit qui peut en être retiré que son tréfonds ; que l'exploitation de la mine n'est donc ouverte, dans le sens pri-
mitif et encore actuel des articles 598 et 1403 du Code Napoléon, que quand le tréfonds a été attaqué et est susceptible de donner des produits ; que c'est là le fait à prendre
en considération pour décider si les produits de la mine
tombent ou non dans l'usufruit de la communauté. »

Lorsque l'usufruit est établi sur une mine considérée
isolément et abstraction faite du sol, les distinctions établies par l'article 598 sont sans application. L'usufruitier
profite des produits, les perçoit irrévocablement et paie au
propriétaire de la surface la redevance qui lui est due.

Dans tous les cas, et quelle que soit la manière dont l'usufruit sur une mine se trouve établi, l'usufruitier doit user
de cette mine en bon père de famille, et à la fin de l'usufruit il aura droit à un remboursement proportionnel des
dépenses qu'il aura faites pour développer l'exploitation, si
le propriétaire retire un avantage réel des travaux exécutés.

Lorsque le propriétaire d'une mine se marie sous le régime de la communauté, la mine forme *un propre* et ses
produits tombent dans la communauté, usufruitière de
tous les immeubles appartenant aux époux. Lorsque, au
contraire, la mine est concédée à l'un des époux pendant
le mariage, elle forme un acquêt. En effet, les immeubles
acquis pendant le mariage tombent en communauté, sauf

exception, et l'on n'est point ici dans un des cas d'exception. La concession, bien qu'ayant lieu à titre gratuit, ne doit cependant pas être considérée comme une donation; car le gouvernement ne se propose pas de gratifier le titulaire; il lui attribue une propriété à la condition de l'exploiter dans l'intérêt de tous : l'intelligence, l'activité, la fortune ou la qualité d'inventeur sont les motifs qui dirigent son choix. On doit donc assimiler la concession à une acquisition par industrie et non à une donation.

Les mines comme toutes les propriétés immobilières peuvent être l'objet d'hypothèques simples ou privilégiées (1), et les hypothèques qui sont établies sur une mine atteignent de plein droit les objets mobiliers immobilisés sur cette mine, soit par incorporation, soit par simple destination.

L'art. 20 de la loi de 1810 décide spécialement : « *Qu'une mine concédée pourra être affectée par privilége en faveur de ceux qui par acte public et sans fraude justifieraient avoir fourni des fonds pour les recherches de la mine, ainsi que pour les travaux de construction ou de confection de machines nécessaires à son exploitation, à la charge de se con-*

_____

(1) Loi du 21 avril 1810 — art. 19. « Du moment où une mine sera concédée, même au propriétaire de la surface, cette propriété sera distinguée de celle de la surface, et désormais considérée comme propriété nouvelle, sur laquelle de nouvelles hypothèques pourront être assises, sans préjudice de celles qui auraient été ou seraient prises sur la surface et la redevance, comme il est dit à l'article 18.—Si la concession est faite au propriétaire de la surface, ladite redevance sera évaluée pour l'exécution dudit article.

6

*former aux art. 2103 et autres du Code Napoléon relatifs
aux priviléges.* » Et l'art 21 de la même loi dispose d'une
manière générale : « *Que les autres droits de privilége et
d'hypothèque pourront être acquis sur la propriété de la
mine, conformément aux dispositions du Code Napoléon.*

La doctrine et la jurisprudence s'accordent à décider que
le vendeur d'objets mobiliers immobilisés sur une mine
ne peut se prévaloir de son privilége vis-à-vis des créanciers hypothécaires inscrits sur cette mine. Cette opinion,
conforme aux principes du droit, présente des inconvénients graves au point de vue pratique. Elle frappe dure-
ment le crédit des concessionnaires en les rendant suspects
dès l'abord aux constructeurs de machines. Ceux-ci n'ayant
aucune garantie sérieuse de leur paiement veulent être
payés argent comptant. De là gêne pour l'industrie minérale ; les concessionnaires hésitent à dépenser au début de
leur entreprise les sommes importantes nécessaires à
l'achat de puissantes machines, et ils ne se pourvoient que
d'un matériel insuffisant pour commencer leur exploitation. Nous croyons que des modifications pourraient être
proposées à cet égard dans notre législation.

### SECTION III.

*Restrictions apportées dans l'intérêt public au droit
de propriété sur les Mines.*

Les restrictions auxquelles est soumis l'exercice du droit
de propriété souterraine sont plus nombreuses, avons-
nous dit, et plus rigoureuses que lorsqu'il s'agit de la

propriété ordinaire. Cette différence s'explique par la difficulté plus grande qu'a nécessairement dû rencontrer le
législateur pour concilier en cette matière le droit individuel avec le droit social. D'un côté, l'intérêt public est
directement intéressé à l'exploitation des richesses minérales, à la bonne direction des travaux de mines et à
l'heureuse harmonie entre les propriétaires du dessus et
ceux du dessous du sol. D'un autre côté, l'intérêt privé
peut avoir à souffrir du voisinage des travaux de mines.
Aussi les restrictions apportées à la propriété minérale
ont-elles été établies, les unes en vue de l'intérêt public,
les autres pour ménager l'intérêt privé.

**§ 1er. — Prohibition de la vente par lots ou du partage des Mines sans
une autorisation préalable du gouvernement.**

Une première limitation est faite au droit de disposer
par l'art. 7 de la loi de 1810. Cet article, après avoir établi
que les mines sont disponibles et transmissibles comme
tous autres biens, édicte aussitôt la prohibition de les vendre par lots ou de les partager sans une autorisation préalable du gouvernement. Le législateur a voulu prévenir
par cette restriction le retour des inconvénients nombreux
qui avaient été éprouvés sous les législations précédentes,
par suite du morcellement de la propriété minérale, et
consacrer le principe de l'unité et de l'indivisibilité des
concessions plus favorable au développement régulier des
exploitations.

C'est pour empêcher, dans toute mine concédée, la division de l'exploitation elle-même, que le législateur a consacré ce nouveau principe. En conséquence, tout acte

intervenu entre des concessionnaires ou entre des concessionnaires et des tiers, et qui aurait pour objet direct ou
indirect de morceler l'exploitation d'une mine serait contraire à la loi, et comme tel entaché de nullité. Partant de
là, on peut résoudre la plupart des difficultés qui peuvent
s'élever dans la pratique sur l'application de l'art. 7 de la
loi de 1810.

La nullité des conventions faites en violation de la prohibition dont nous venons de nous occuper est une nullité
d'ordre public et peut être proposée en tout état de cause.
Mais la nullité d'une convention intervenue entre les concessionnaires d'une mine, en tant que divisant l'exploitation, n'entraîne pas nécessairement la nullité de cette
convention dans ses dispositions ou conséquences relatives
à la détermination de la part de chacun, soit dans le droit
de propriété, soit dans les produits.

L'art. 7 s'applique aussi bien aux cas de donation et
d'échange qu'aux cas de vente et de partage : l'assimilation
de ces cas résulte d'une complète identité de motifs. Il y
aurait même lieu, suivant nous, d'appliquer la prohibition qu'il édicte aux amodiations ou louages partiels des
mines.

### § 2. — Loi du 27 avril 1838.

La peine de nullité dont la loi de 1810 frappait virtuelle-
ment les actes et conventions qui peuvent avoir pour résultat de diviser les exploitations, n'a pas paru suffisante,
et, en 1838, à l'occasion d'une loi que nécessitaient les

mesures à prendre pour l'assèchement des mines, des dispositions furent arrêtées pour fortifier le principe de l'unité et de l'indivisibilité des concessions.

« Cette règle si utile de l'indivisibilité des concessions, disait M le comte d'Argout, rapporteur de la loi nouvelle, paraît avoir été souvent éludée. Des aliénations partielles semblent avoir été déguisées sous la forme de locations ou d'amodiations à longs termes, et il en résulte que des travaux discordants ont été entrepris sur plusieurs points d'une même concession, travaux quelquefois dangereux pour la généralité de l'exploitation, et presque toujours nuisibles à la conservation des mines. Pour remédier à cet abus, le gouvernement demande que ces concessionnaires soient contraints à justifier qu'ils ont pourvu, par une convention spéciale, à ce que les travaux d'extraction soient soumis à une direction unique et coordonnés dans un intérêt commun. »

La loi de 1810, sans rien préciser, avait déclaré (articles 49 et 50) qu'en cas de non exploitation, le ministre prendrait telles mesures qu'il appartiendrait (1); de plus,

(1) Loi du 21 avril 1810. Art. 49. — « Si l'exploitation est restreinte ou suspendue, de manière à inquiéter la sûreté publique ou les besoins des consommateurs, les préfets, après avoir entendu les propriétaires, en rendront compte au ministre de l'intérieur, pour y être pourvu ainsi qu'il appartiendra.

Art. 50. « Si l'exploitation compromet la sûreté publique, la conservation des puits, la solidité des travaux, la sûreté des ouvriers mineurs ou des habitations de la surface, il y sera pourvu par le préfet, ainsi qu'il est pratiqué en matière de grande voirie et selon les lois. »

Art. 45. Lorsque, par l'effet du voisinage ou pour toute autre cause, les travaux de l'exploitation d'une mine occasionnent des dommages à l'exploitation d'une autre mine, à raison des eaux qui pénètrent dans cette dernière en plus grande quantité; lorsque, d'un autre côté, ces

deux projets élaborés en 1811 et 1813, par les rédacteurs
de la loi de 1810, et dont les événements politiques avaient
empêché la consécration, prononçaient positivement le retrait de la concession par voie administrative La loi de 1838
se compose de dix articles. Les articles 1, 2, 3, 4, 5 et 7,
correspondent au projet du gouvernement de 1837 sur les
inondations (1). Les articles 6, 8, 9 et 10 ont été ajoutés
au projet par la chambre des Pairs; ils développent et
sanctionnent les principes posés dans les articles 49 et 50
de la loi de 1810.

mêmes travaux produisent un effet contraire et tendant à évacuer tout ou
partie des eaux d'une autre mine, il y aura lieu à indemnité d'une mine
en faveur de l'autre : le règlement s'en fera par experts.

(1) En 1833, le bassin houiller de Rive-de-Gier, un des plus importants
de la France, par son étendue, l'abondance et la qualité de son combustible, se trouvait envahi par une inondation souterraine. Le gouvernement fit des démarches pour déterminer les concessionnaires à entreprendre des travaux d'assèchement en commun, mais tous ses efforts
restèrent infructueux. Les concessionnaires qui n'étaient pas encore
atteints, se trouvant délivrés de la concurrence des mines inondées, refu-
saient de concourir à un assèchement qui eut fait revivre cette concurrence ; l'inondation livrée à elle-même s'étendait donc de jour en jour, et
la conséquence naturelle de ce fléau était une élévation dans le prix du
combustible. Le gouvernement, résolu à vaincre la résistance des concessionnaires, présenta dans ce but un projet de loi à la session législative
de 1837. Les propriétaires de mines atteintes ou menacées devaient s'associer pour effectuer l'épuisement des eaux, et organiser un syndicat chargé
de dresser un plan général des travaux. en cas de refus pour la nomina-
tion du syndicat, l'administration nommait d'office des commissaires. Les
concessionnaires devaient rembourser les frais suivant les taxes proportionnelles, arrêtées par les syndics ou les commissaires, et le recouvre-
ment devait être poursuivi comme en matière de contributions directes.
La commission de la chambre des Pairs pensa que ce projet ne présentait
pas des moyens de coercition assez énergiques, et qu'il fallait développer
le principe du retrait de la concession posé en germe dans l'art. 49 de la
loi de 1810. Elle proposa donc de décider, qu'à défaut de paiement, le
retrait pourrait être prononcé par le ministre des travaux publics.

Le projet fut voté par la chambre des députés, le 27 avril 1838, sous ce
titre : *Loi relative à l'assèchement et à l'exploitation des mines.*

Pour ce qui concerne les inondations, l'article 1er indique les conditions auxquelles est subordonnée l'intervention du gouvernement. Il faut : 1º Que plusieurs mines
situées dans des conces. ions différentes soient atteintes ou
menacées d'une inondation commune; 2º que cette inondation soit de nature à compromettre leur existence, la
sûreté publique ou les besoins des consommateurs.

On arrive à la désignation des concessionnaires qui doivent être tenus de concourir aux travaux d'assèchement,
en procédant à une enquête administrative dont les formes
ont été déterminées par l'ordonnance du 23 mai 1841,
délibérée en Conseil d'Etat. Ces formes ont pour but de
mettre chacun des intéressés à même de contredire et d'opposer que l'inondation ne le menace pas, ou qu'elle n'est
pas de nature à compromettre la sûreté publique ou les
besoins des consommateurs. L'enquête s'ouvre sur un mémoire rédigé par l'ingénieur en chef et faisant connaître
les relations des mines entre elles, les causes et les progrès de l'inondation qui les atteint ou les menace, et les
circonstances d'où il résulte qu'il y a lieu de recourir à
l'application de la loi de 1838.

L'enquête est annoncée par des affiches dans le chef-
lieu du département, de l'arrondissement, et dans toutes
les communes de la situation des mines (1). Le mémoire de
l'ingénieur est déposé à la sous-préfecture de l'arrondissement, et plusieurs registres sont ouverts pendant deux
mois, l'un à la sous-préfecture, les autres dans chaque
commune de la circonscription des mines pour recevoir les

(1) Art. 9. — Ordonnance du 23 mai 1841.

observations auxquelles la mesure projetée peut donner
lieu. A l'expiration de ces deux mois, une commission de
cinq à sept membres est nommée par le préfet pour examiner les déclarations consignées aux registres, recevoir
les dires, mémoires et observations de toute espèce, tant
de la part des concessionnaires que des ingénieurs des
mines et des chefs d'établissements industriels.

Sur le vu de toutes les pièces transmises par le préfet,
le ministre examine et décide quelles sont les concessions
qui doivent contribuer aux travaux d'épuisement. La décision est notifiée administrativement aux concessionnaires,
qui peuvent recourir au Conseil d'Etat par la voie
contentieuse (1). La loi déclare que ce recours n'est pas
suspensif : il faut en conclure que le sursis est toujours
impossible dans l'espèce, et que l'administration est
tenue d'exécuter nonobstant le recours ; car, en principe, elle est libre de surseoir ou d'exécuter sans attendre
la décision supérieure.

Un arrêté du préfet convoque donc immédiatement les
concessionnaires désignés, en assemblée générale, à l'effet
de nommer un syndicat composé de trois ou de cinq
membres pour la gestion des intérêts communs. Le mode
de convocation et de délibération de cette assemblée est
réglé par l'arrêté préfectoral, mais les concessionnaires
ou leurs représentants doivent toujours avoir un nombre
de voix proportionnel à l'importance de la concession.
Cette importance est déterminée d'après le montant des

(1) Art. 2. — Al. 1 et 2, loi de 1838.

redevances proportionnelles acquittées pendant les trois
dernières années. Le concessionnaire à l'égard duquel ces
conditions ne se trouveraient pas remplies, pourrait cer-
tainement demander la nullité de la délibération de l'assemblée. On a d'ailleurs pourvu à ce que la minorité ne
pût faire la loi à la majorité, en décidant que la délibération ne serait valide qu'autant que le tiers des concessions
serait représenté, et que ce tiers formerait lui-même plus
de la moitié des voix attribuées à toutes les exploitations
réunies.

Un décret impérial rendu dans la forme des réglements
d'administration publique, et après que les syndics ont été
appelés à faire connaître leurs propositions, et les intéressés leurs observations, détermine l'organisation définitive et les attributions du syndicat, les bases de la répartition, soit provisoire, soit définitive, de la dépense entre
les concessionnaires et la forme dans laquelle il doit être
rendu compte des recettes et des dépenses. Une fois que le
décret impérial est intervenu, le syndicat propose un système de travaux et indique les époques périodiques où
les taxes pourront être acquittées. Si le ministre adopte ce
projet, il rend un arrêté conforme, et le syndicat évalue
les dépenses et les répartit entre les contribuables, d'a-
près les bases provisoires déterminées par le décret
imperial. Si, au contraire, le ministre juge nécessaire de
modifier les propositions, il fixe un délai pour que le syndicat lui en présente de nouvelles. De cette manière, le
syndicat a toujours l'initiative; et cela est fort juste,
puisqu'il représente les contribuables. Dans tous les cas,
le ministre intervient comme administrateur et non

comme juge ; il n'y aurait donc lieu à se pourvoir au contentieux devant le Conseil d'Etat que s'il avait rendu son arrêté sans avoir entendu les syndics.

La loi de 1838, faite dans le but de vaincre la résistance des concessionnaires, a prévu le cas où il y aurait refus d'opérer, soit de la part de l'assemblée générale, soit de la part du syndicat.

« Art. 4. — Si l'assemblée générale dûment convoquée ne se réunit pas ou si elle ne nomme point le nombre des syndics fixé par l'arrêté du préfet, le ministre, sur la proposition de ce dernier, instituera d'office une commission composée de trois ou de cinq personnes, qui sera investie de l'autorité et des attributions des syndics. — Si les syndics ne mettent à exécution les travaux d'assèchement, ou s'ils contreviennent au mode d'exécution et d'entretien réglé par l'arrêté ministériel, le ministre, après que la contravention aura été constatée, les syndics, préalablement appelés, et après qu'ils auront été mis en demeure, pourra, sur la proposition du préfet, suspendre les syndics de leurs fonctions et leur substituer un nombre égal de commissaires. — Les pouvoirs des commissaires cesseront de droit à l'époque fixée pour l'expiration de ceux des syndics. Néanmoins, le ministre, sur la proposition du préfet, aura toujours la facilité de les faire cesser plus tôt. — Les commissaires peuvent être rétribués ; dans ce cas, le ministre, sur la proposition du préfet, fixera le taux des traitements, et leur montant sera acquitté sur le produit des taxes imposées aux concessionnaires. »

Les concessionnaires ou les syndics peuvent toujours

soutenir que les conditions requises pour légitimer la no-
mination des commissaires n'ont pas été remplies, et atta-
quer en conséquence l'arrêté ministériel dans la forme
contentieuse au Conseil d'État. Du reste, le ministre a le
choix le plus absolu pour la désignation des commissaires.
Dans la discussion, on a écarté un premier amendement
d'après lequel ils devaient être ingénieurs des mines, et un
second qui les voulait complètement étrangers aux concessions inondées (1).

Le syndicat ou la commission qui le remplace fait mettre à exécution les travaux d'assèchement, selon le mode
réglé par l'arrêté ministériel et dresse les rôles de recou-
vrement des taxes qui sont rendus exécutoires par le préfet. Les concessionnaires peuvent présenter leurs réclamations au sujet de la fixation de leur quote-part ; elles sont
jugées par le Conseil de préfecture, sur mémoires, après
avoir été communiquées au syndicat ou à la commission,
et après avoir pris l'avis de l'ingénieur des mines, sauf le
pourvoi au Conseil d'État dans la forme contentieuse. Dans
tous les cas, le recours, soit devant le Conseil de préfecture, soit devant le Conseil d'État, n'est jamais suspensif.

Des moyens coercitifs servent de sanction aux prescriptions de la loi ; à défaut de paiement dans le délai de deux
mois à dater de la sommation, la mine est réputée abandonnée ; le ministre peut prononcer le retrait de la concession, sauf le recours à l'Empereur en son Conseil d'É-
tat par la voie contentieuse (2). La décision est notifiée

(1) *Moniteur* du 12 avril 1837, pages 861 et 862.
(2) Art. 6. Loi de 1838.

aux concessionnaires déchus, publiée et affichée à la diligence du préfet. La loi ajoute que l'administration peut
faire l'avance du montant des taxes dues par la concession
abandonnée, jusqu'à ce qu'il ait été procédé à une concession nouvelle; mais ce n'est là qu'une faculté (1). A l'expiration du délai de recours (2) ou, en cas de recours,
après la notification du décret confirmatif de la décision
ministérielle, il est procédé publiquement, par voie administrative, à l'adjudication de la mine abandonnée.

Les concurrents sont tenus de justifier des facultés suf-
fisantes pour satisfaire aux conditions imposées par le cahier des charges. Celui dont l'offre est la plus élevée est
déclaré concessionnaire, et le prix de l'adjudication, dé-
duction faite des sommes qui ont pu être avancées par l'É-
tat, appartient au concessionnaire déchu ou à ses ayants-
droit. Si la mine est grevée de privilèges ou d'hypothèques,
ce prix est distribué judiciairement entre les créanciers,
suivant l'ordre de leur collocation respective. La loi de 1838,
respectant le principe de l'irrévocabilité de la propriété
instituée par l'acte de concession, a plutôt prononcé une
expropriation pour cause d'utilité publique qu'une véritable déchéance.

Jusqu'au jour de l'adjudication, l'ancien concessionnaire,
ou ses créanciers, peuvent arrêter les effets de la déposses-

(1) La Commission de la Chambre des députés avait proposé de rendre
cette avance obligatoire; l'amendement fut rejeté par cette considération
que le Trésor pourrait se trouver engagé dans des dépenses considérables, et que la concession abandonnée serait souvent rachetée à vil prix
par celui-là même qui aurait refusé de payer les taxes.
(2) Trois mois après la notification de l'arrêté ministériel. — Art. 11.
Décret du 22 juillet 1806.

sion, en payant toutes les taxes arriérées, avec les intérêts, et en consignant la somme qui sera jugée nécessaire pour sa quote-part dans les travaux qui resteront encore à exécuter. S'il ne se présente aucun soumissionnaire, la mine reste à la disposition du domaine de l'État, libre et franche de toutes charges provenant du fait du concessionnaire déchu. Celui-ci peut, en ce cas, retirer les chevaux, machines et agrès qu'il a attachés à l'exploitation et qui peuvent être séparés sans préjudice pour la mine, à la charge de payer toutes les taxes dues jusqu'à la dépossession, et sauf au Domaine à retenir, à dire d'experts, les objets qu'il jugera utiles.

Les autres dispositions de la loi de 1838 ont complété et sanctionné les articles 49 et 50 de la loi de 1810, et imposé de nouvelles obligations pour assurer l'unité de l'exploitation des mines.

Tout puits, toute galerie ou tout autre travail d'exploitation, ouvert en contravention aux lois ou règlements sur les mines, peuvent être interdits par un arrêté du préfet. Quand l'exploitation présente quelque danger, le préfet peut ordonner d'office certains travaux aux frais des concessionnaires (1). La loi de 1838 déclare qu'à défaut de paiement de ces frais, le ministre peut prononcer le retrait de la concession (art. 9). Il a le même pouvoir lorsque l'exploitation est restreinte ou suspendue de manière à inquiéter la sûreté publique ou les besoins des consommateurs.

(1) Art. 50. Loi de 1810. — Art. 3 et 4. Décret du 3 Janvier 1813.

Lorsque la mine appartient à plusieurs ou à une société, les concessionnaires sont tenus de justifier d'une direction unique des travaux sur la réquisition du préfet. La convention qu'ils présentent à cet effet doit conférer à une seule et même personne la direction générale des exploitations ouvertes ou à ouvrir dans la concession (1). En outre, ils sont tenus de désigner un représentant vis-à-vis de l'administration. Ce représentant a pour mission d'assister aux assemblées générales, de recevoir toutes notifications ou significations tant en demandant qu'en défendant. Il est obligé d'élire un domicile administratif, qu'il fait connaître par une déclaration adressée au préfet (2). La désignation de ce représentant doit avoir lieu par une déclaration authentique au secrétariat de la préfecture.

Faute par les concessionnaires d'avoir justifié dans le délai qui leur est fixé par le préfet d'une direction unique des travaux, ou d'exécuter les clauses de leurs conventions qui auraient pour objet d'assurer l'unité de la concession, la suspension de tout ou partie des travaux peut être prononcée par un arrêté du préfet, sauf recours au ministre et s'il y a lieu au Conseil d'État, par la voie contentieuse, sans préjudice de l'application des articles 93 et suivants de la loi de 1810 (3).

Le cas d'abandon volontaire d'une concession n'a pas été prévu par la loi fondamentale sur les mines, mais les règles à suivre ont été tracées par l'instruction ministérielle

(1) Instruction ministérielle du 29 décembre 1838.
(2) Ordonnance du 18 avril 1842.
(3) Art. 7, alinéa 3. Loi de 1838.

du 3 août 1810, le décret du 3 janvier 1813 et une circulaire du directeur général des mines en date du 30 novembre 1834. Elles se trouvent en outre développées dans l'article 4 du modèle des clauses à insérer dans les actes de concession (1).

### § 3. — Prohibition de réunir plusieurs concessions sans autorisation du gouvernement.

La crainte de voir s'élever de trop puissants monopoles nuisibles à l'intérêt général a provoqué une importante restriction au droit de disposer des mines. Cette restriction, toute différente de celle que nous avons étudiée dans le § 1er, consiste dans la prohibition de réunir ou de fusionner plusieurs concessions sans en avoir obtenu préalablement l'autorisation du gouvernement. Elle n'existait pas sous l'empire de la loi du 21 avril 1810 (2), et a été établie législativement par un décret du Président de la République à la date du 23 octobre 1852.

En 1848, le ministre des travaux publics avait saisi l'assemblée nationale d'un projet de loi dans le sens de cette prohibition (3), mais ce projet n'avait pas eu de suites.

Le décret de 1852 a été rendu à un moment où diverses

(1) Voyez ce modèle à la suite de la circulaire ministérielle du 8 octobre 1843.

(2) Loi du 21 avril 1810. — Art. 31. « Plusieurs concessions pourront être réunies entre les mains du même concessionnaire, soit comme individu, soit comme représentant d'une compagnie, mais à la charge de tenir en activité l'exploitation de chaque concession.

(3) Moniteur, 1848, p. 3213.

réunions se préparaient entre des mines situées dans différents bassins. Ce décret a statué en ces termes :

Art. 1er. « Défense est faite à tout concessionnaire de
mines, de quelque nature qu'elles soient, de réunir sa ou
ses concessions à d'autres concessions de même nature,
par association ou acquisition, ou de toute autre manière,
sans l'autorisation du gouvernement.

Art. 2. » Tous actes de réunion opérés en opposition à
l'article précédent, seront en conséquence considérés comme
nuls et non avenus, et pourront donner lieu au retrait des
concessions, sans préjudice des poursuites que les concessionnaires des mines réunies pourraient avoir encourues en
vertu des articles 414 et 410 du Code pénal (1). »

Nullité des actes de réunion, retrait des concessions,
telles sont les peines qui peuvent être prononcées contre
les contrevenants aux dispositions du décret. L'interdiction
est absolue; elle atteint toutes les réunions à un titre
quelconque, aussi bien celles par hérédité et expropriation
judiciaire que celles par acquisition et donation à titre
gratuit ou onéreux (2). La forme du retrait n'est pas indiquée par le décret, il faut suivre celle qui est indiquée
par l'article 6 de la loi du 27 avril 1838 et que nous
avons vue plus haut. Le ministre prononcera sauf le recours au Conseil d'État par la voie contentieuse.

---

(1) Ce décret du 23 octobre 1852 qui apporte de si grandes entraves
aux marchés de mines a soulevé de vives critiques, et à diverses re-
prises des auteurs recommandables se sont faits l'écho des propriétaires
de mines en en demandant la modification ou l'abrogation. (V. entre autres
Dalloz, *Moniteur universel* du 15 août 1864, p. 1049.)

(2) Circulaire ministérielle du 20 novembre 1852.

## SECTION IV.

### *Restrictions apportées dans l'intérêt privé au droit de propriété sur les Mines.*

#### § 1. — Prohibition établie par l'article 11.

Après avoir parlé des restrictions apportées au droit de propriété sur les mines dans l'intérêt public, il nous reste à dire quelques mots des restrictions qui sont plus particulièrement établies dans un intérêt privé.

La plus importante est la prohibition faite par l'art. 11 de la loi du 21 avril 1810 :

Art. 11. « Nulle permission de recherches ni concession de mines ne pourra, sans le consentement formel du propriétaire de la surface, donner le droit de faire des sondes et d'ouvrir des puits ou galeries, ni celui d'établir des machines ou magasins dans les enclos murés, cours ou jardins, ni dans les terrains attenant aux habitations ou clôtures murées, dans la distance de cent mètres desdites clôtures ou des habitations. »

La loi n'a voulu parler en établissant cette prohibition, que des travaux faits à la surface : elle ne s'applique pas, par exemple, aux galeries d'écoulement ou d'exploitation, que la disposition des lieux ou de la mine obligerait à prolonger sous terre dans une profondeur telle que la solidité des édifices ne pourrait en être compromise. Mais en

7

tant qu'elle s'applique aux travaux superficiaires, les termes qu'elle emploie ne doivent pas être interprétés limitativement.

On s'est demandé si le propriétaire de la surface, pour être admis à se prévaloir de la prohibition de l'article 11, devait être à la fois propriétaire des habitations ou clôtures murées et des terrains attenants dans la distance de cent mètres. Nous pensons, malgré les raisons qu'on a fait valoir en faveur de la négative, que l'article 11 ne s'applique qu'au cas où le propriétaire des habitations ou enclos murés est en même temps propriétaire des terrains attenants. Les précédents historiques, les travaux préparatoires dont l'article 11 a été l'objet, les principes généraux du droit, les textes mêmes de la loi du 21 avril 1810, se réunissent pour confirmer cette solution qui a contre elle la jurisprudence de la Cour de cassation (1).

A plus forte raison, l'article 11 ne pourrait être invoqué par celui qui se trouve propriétaire du terrain compris dans la zône de cent mètres sans être propriétaire des clôtures murées ou des habitations.

On rencontre plus de difficultés lorsqu'il s'agit de décider si le propriétaire des enclos murés ou habitations qui est à la fois propriétaire du terrain y attenant à la distance de

(1) La situation fâcheuse faite à l'industrie des mines par la jurisprudence persistante de la Cour de cassation réclame avec urgence une réforme législative. L'interprétation erronée, selon nous, donnée à l'art. 11 par la Cour suprême apporte à notre industrie minière des entraves tellement gênantes que dans le bassin houiller de la Loire, il serait aujourd'hui presque impossible, suivant M. Fabre, de trouver l'emplacement d'un puits de recherche ou d'exploitation qui ne fut compris dans le rayon prohibé par les dispositions de l'article 11.

cent mètres, peut invoquer la prohibition de l'article 11, alors que lesdites clôtures murées ou habitations ont été établies *postérieurement* à la concession.

Nous pensons que dans l'état actuel de notre législation, on devrait décider que même dans ce cas le propriétaire de la surface pourrait se prévaloir de la prohibition de l'article 11. Il est regrettable que cette prohibition n'ait pas été formellement restreinte au seul cas où les habitations et clôtures murées ont été établies par le propriétaire de la surface *antérieurement* à la concession, car la solution à laquelle nous sommes forcés de nous arrêter peut entraîner dans la pratique de graves inconvénients.

Il arrive le plus souvent, en effet, que les grandes exploitations de mines commencent au milieu de pays presque déserts avant la concession. Mais si l'exploitation réussit, des populations ouvrières y sont attirées et s'établissent dans le voisinage. Des maisons isolées sont construites et peu à peu elles deviennent assez nombreuses pour former un village. Eh bien ! il suffira dans certains cas d'une construction de très peu d'importance, pour gêner considérablement un concessionnaire intelligent qui a par sa découverte et par ses travaux décuplé la valeur de la surface. Cette surface se retourne contre lui et vient, en le rançonnant, mettre obstacle à ses progrès. Un propriétaire de mauvaise foi pourra spéculer impunément sur l'interprétation donnée à l'article 11 par la Cour de cassation. N'y a-t-il pas là une injustice criante qui appelle l'attention du législateur, et qui sollicite une modification de cette disposition de la loi de 1810 ?

§ 2. — Exercice du droit d'occupation des terrains de la surface que nécessitent les travaux de mines.

Les conditions et les limites qu'ont fixées les articles 43 et 44 de la loi de 1810 (1) pour l'exercice du droit d'occupation des terrains de la surface que nécessitent de la part des concessionnaires, les travaux des mines constituent une autre sorte de restriction apportée dans l'intérêt privé au droit de propriété minière.

Le propriétaire foncier peut, dans le cas d'enclave, exiger le passage sur le terrain d'autrui dans son intérêt personnel. Cet exercice du droit d'enclave devait être assuré, à plus forte raison, dans l'intérêt public. Il était nécessaire, en un mot, pour assurer la bonne exploitation des mines, d'accorder aux concessionnaires des droits d'occupation de

(1) Art. 43. — « Les propriétaires de mines sont tenus de payer les indemnités dues au propriétaire de la surface sur le terrain duquel ils établiront leurs travaux. — Si les travaux entrepris par les explorateurs ou par les propriétaires de mines ne sont que passagers, et si le sol où ils ont été faits peut être mis en culture au bout d'un an comme il l'était auparavant, l'indemnité sera réglée au double de ce qu'aurait produit net le terrain endommagé.

Art. 44. — « Lorsque l'occupation des terrains pour la recherche ou les travaux des mines prive les propriétaires du sol de la jouissance du revenu au-delà du temps d'une année, ou lorsque, après les travaux, les terrains ne sont plus propres à la culture, on peut exiger des propriétaires des mines l'acquisition des terrains à l'usage de l'exploitation. Si le propriétaire de la surface le requiert, les pièces de terre trop endommagées ou dégradées sur une trop grande partie de leur surface devront être achetées en totalité par le propriétaire de la mine.

L'évaluation du prix sera faite, quant au mode, suivant les règles établies par la loi du 16 septembre 1807 sur le desséchement des marais, etc., titre xi; mais le terrain à acquérir sera toujours estimé au double de la valeur qu'il avait avant l'exploitation de la mine. »

la surface dans des cas déterminés. C'est ce que la loi a fait
en imposant une véritable servitude légale à la propriété
superficiaire au profit de la propriété souterraine. Elle n'a
pas déterminé l'étendue de cette servitude, mais celle-ci
est si lourde en elle-même, malgré le paiement de l'indemnité obligatoire, et modifie à tel point les droits du
propriétaire de la surface, que les concessionnaires ne
peuvent s'en prévaloir que dans les cas d'utilité incontestable et pour des travaux nécessaires, soit à la bonne
exploitation de la mine concédée, soit à la conservation
même de la mine et à la sûreté des ouvriers.

Les art. 43 et 44 de la loi de 1810 ne règlent toutefois l'exercice du droit d'occupation que par rapport aux
terrains superficiaires compris dans l'enceinte des concessions, et dans cette limite même, les concessionnaires ne
peuvent pas, sans l'accomplissement de certaines formalités préalables, se mettre en possession des terrains de
la surface. Ils doivent faire constater par l'administration
l'utilité, la nécessité de leurs travaux, et ne peuvent se
mettre en possession des terrains qu'après avoir obtenu
l'autorisation de les occuper.

Une indemnité est due par les concessionnaires de mines
aux propriétaires de la surface toutes les fois qu'il y a eu
occupation des terrains superficiaires dans l'intérêt des
travaux de la mine. La loi règle cette indemnité pour deux
cas : le premier est celui où les travaux entrepris par les
explorateurs ou par les propriétaires de mines ne sont que
passagers ; le second cas se réalise lorsque l'occupation
des terrains pour les travaux de mines prive les proprié-

taires du sol de la jouissance du revenu au-delà du temps
d'une année, ou lorsqu'après les travaux les terrains ne sont
plus propres à la culture.

Dans le premier cas d'occupation prévu par la loi, l'indemnité due au propriétaire du sol est réglée au double de
ce qu'aurait produit net le terrain endommagé. Trois
conditions sont nécessaires pour que le propriétaire du sol
ait droit à cette indemnité de simple jouissance : il faut
que les travaux n'aient été que passagers ; que le sol oc-
cupé par ces travaux puisse être de nouveau mis en
culture, et en la même nature de culture qu'auparavant.

Les difficultés soulevées à l'occasion de ce règlement
d'indemnité avaient fait proposer au sein du Conseil
d'Etat, lors de la discussion de la loi de 1810, d'obliger
les concessionnaires à exproprier les propriétaires fonciers
des terrains sur lesquels il y aurait lieu d'établir des travaux dans l'intérêt des exploitations de mines Mais ce
système qui aurait pu causer souvent la ruine des exploitants, en les contraignant à dépenser inutilement en de
nombreuses acquisitions de terrains inutiles au développement de leurs travaux des sommes importantes a été
rejeté.

Au cas d'occupation passagère comme au cas d'occupation permanente, l'indemnité allouée au propriétaire du
sol constitue un véritable forfait. Le législateur a établi
une base invariable pour le règlement de l'indemnité
dans le but de diminuer autant que possible le nombre

des procès auxquels auraient donné lieu les questions de dépréciation des terrains.

Aussi la cour de Dijon en a-t-elle conclu avec raison (1) qu'il n'était pas au pouvoir du juge d'augmenter le montant de l'indemnité, tel qu'il est déterminé par les articles 43 et 44 de la loi des mines, dans le cas même où le dommage éprouvé par le propriétaire du sol serait plus considérable.

Au cas d'occupation permanente, les propriétaires du sol peuvent exiger des concessionnaires l'acquisition forcée des terrains à l'usage de l'exploitation, et les terrains à acquérir sont alors estimés au double de la valeur qu'ils avaient avant l'exploitation de la mine, c'est-à-dire à l'époque où l'exploitation de la mine a nécessité leur occupation. Les propriétaires du sol ont ainsi un droit d'option qu'ils seront toujours libres d'exercer entre une indemnité calculée au double du produit net du terrain endommagé, et une indemnité calculée au double de la valeur vénale du même terrain, considéré avant les travaux d'occupation.

Ce droit qui leur est accordé de requérir l'acquisition forcée n'appartient qu'à eux, et la réciprocité en faveur des concessionnaires ne saurait être admise. Car ce droit constitue une garantie spéciale, établie uniquement en faveur des propriétaires qui sont libres d'en user ou de n'en pas user.

Le principe de la liberté des conventions subsiste dans toute sa force lorsqu'il s'agit de l'indemnité due par le

(1) Devilleneuve et Carette, 1851, ii, 243.

propriétaire du dessous du sol au propriétaire de la surface dans les cas d'occupation nécessaire. Les articles 43 et 44 de la loi spéciale des mines en fixant sur le pied du double, soit du produit net, soit de la valeur vénale du terrain endommagé, l'indemnité due dans ce cas, n'ont pas voulu faire obstacle à ce que les parties pussent régler entre elles, de toute autre manière, le paiement de l'indemnité.

Il peut arriver souvent que les dégâts occasionnés à la surface ne soient pas le fait d'une occupation plus ou moins prolongée, mais qu'ils proviennent de travaux intérieurs de la mine, et qu'ils consistent, par exemple, dans des éboulements ou affaissements de terrains, dans la suppression de sources ou de puits, etc. Evidemment, dans ce cas, tout aussi bien que dans les précédents, une indemnité sera due au propriétaire du sol.

Si les principes généraux du droit ne conduisaient pas à cette juste solution, on la trouverait suffisamment indiquée dans les divers articles de la loi spéciale qui ont pour objet de protéger les intérêts du propriétaire de la surface contre les entreprises des propriétaires de mines.

Mais lorsqu'on arrive au règlement de l'indemnité due pour ce cas, une question grave se présente. On se demande si pour les dégâts accidentellement causés à la surface par les travaux *intérieurs* des mines, le concessionnaire est tenu, comme pour les dommages résultant des occupations plus ou moins prolongées de terrains par les travaux *extérieurs*, de payer aux propriétaires du sol, à titre d'indemnité, le double du produit net des portions de surface endommagées, ou d'acquérir ces portions de surface à un prix double de leur valeur, conformément aux art. 43 et 44 ; ou si plutôt il n'y a pas lieu de recourir pour le règlement de l'indemnité aux principes du droit commun, c'est-à-dire à l'application pure et simple des articles 1382 et 1383 du Code civil ?

La Cour de cassation appelée à statuer sur cette question a jugé, par arrêt rendu en audience solennelle le 23 juillet 1862, contrairement à sa jurisprudence antérieure, que les articles 43 et 44 de la loi de 1810 qui établissent l'indemnité au double n'ont en vue que la fixation des indemnités dues au propriétaire du sol par suite de l'occupation temporaire ou définitive de la surface ; qu'ils ne règlent pas l'évaluation des indemnités dues à raison des dommages causés à la surface par les travaux souterrains d'une mine ; dans ce dernier cas, la réparation du dommage a lieu d'après le droit commun.

Cette dernière opinion est la bonne à notre avis. En effet, les dispositions des articles 43 et 44 de la loi du 21 avril 1810 que nous avons analysées sont de leur nature tout exceptionnelles, et doivent, comme dérogeant à la règle de justice et d'équité établie par l'article 1149 du Code civil, être restreintes au cas pour lequel elles sont établies, c'est-à-dire à celui où le dommage a été causé par des travaux faits à la surface du sol (1).

(1) La Cour de Dijon s'était prononcée pour cette opinion dans ses arrêts du 29 mars 1854 et du 21 avril 1856, antérieurs à celui par lequel la Cour suprême a abandonné sa jurisprudence jusque-là contraire.
V. aussi cass., 4 août 1863, D. P. 63, 1, 352, et Toulouse, 17 Janvier 1866.

# CHAPITRE V.

## Des recherches de Mines.

### SECTION I.

*De ceux qui peuvent faire des recherches.*

Le propriétaire du sol peut fouiller son terrain dans tous les sens, sans aucune formalité préalable (1). Cette faculté de recherches n'est que la conséquence de son droit de propriété, mais elle cesserait de pouvoir s'exercer librement s'il s'agissait de commencer une exploitation : il n'est même pas douteux que si les recherches compromettaient la sûreté publique ou celle des ouvriers, le préfet pourrait intervenir pour ordonner certaines mesures de précaution, conformément à l'article 50. Si le propriétaire du sol cède son droit de recherches à un tiers, les

_____

(1) *Loi du* 21 *avril* 1810. « Art. 10. — Nul ne peut faire des recherches pour découvrir des mines, enfoncer des sondes ou tarières sur un terrain qui ne lui appartient pas, que du consentement du propriétaire de la surface, ou avec l'autorisation du gouvernement, donnée après avoir consulté l'administration des mines, à la charge d'une préalable indemnité envers le propriétaire, et après qu'il aura été entendu.

» Art. 12. — Le propriétaire pourra faire des recherches, sans formalité préalable, dans les lieux réservés par l'article 11, comme dans les autres parties de sa propriété; mais il sera obligé d'obtenir une concession avant d'y établir une exploitation. Dans aucun cas, les recherches ne pourront être autorisées dans un terrain déjà concédé.

convontions intervenues à ce sujet font la loi des parties et les tribunaux civils sont appelés à en connaître en cas de contestation.

« Quant à ce qui concerne l'invention de la mine, disait Napoléon au Conseil d'État (1), on doit bien se garder d'accorder au premier brouillon, au premier aventurier qui se présentera, le droit de faire des recherches; la prudence exige que, préalablement, il y ait un avis du Conseil des mines, homologué par le ministre, qui déclare qu'en effet la mine existe et qu'il y a lieu de faire des fouilles. »

Le gouvernement peut accorder la permission de faire des recherches à tout le monde, même à un étranger (Arg. art. 13 à fortiori).

Le droit accordé à un tiers de faire des recherches sur le terrain d'autrui n'est pas exclusif du même droit qui existe au profit du propriétaire de ce terrain ou de son ayant-cause. Ces deux droits peuvent s'exercer concurremment. Il appartient toutefois à l'administration de prévenir les conflits, en déterminant les parties des pièces de terre dans lesquelles chaque explorateur doit circonscrire ses travaux (2).

Les recherches de mines sont des opérations industrielles souvent aléatoires et qui nécessitent parfois l'emploi de capitaux considérables. Une Société sera donc presque toujours dans de meilleures conditions qu'un simple particulier pour entreprendre des travaux de cette nature (3).

(1) Séance du 1er février 1806. — Locré, p. 154.
(2) Voyez art. 6 de l'ordonnance du 23 avril 1810. *Annales des Mines,* 3e série, t. XVII, p. 711.
(3) V. art. 8 et art. 13, loi de 1810.

Cette Société est légalement possible, et la Cour de Douai (1), réformant un jugement du tribunal de Valenciennes a, suivant nous, consacré les vrais principes en décidant : « Que les Sociétés organisées pour la recherche des mines sont de véritables conventions aléatoires, dont les effets, quant aux chances de gain et de perte, dépendent, pour toutes les parties intéressées, de l'évènement incertain de la découverte de la mine; que les conventions de ce genre autorisées par les articles 1104 et 1964 du Code civil sont valables et doivent être exécutées, à moins qu'elles ne soient viciées par le dol. »

## SECTION II.

### *Des restrictions au droit de recherches.*

Le législateur, tout en accordant au Gouvernement, dans l'intérêt général, les moyens de vaincre la résistance d'un propriétaire qui s'opposerait à la recherche des mines sur son terrain, devait aussi limiter ce droit et ne pas permettre de pénétrer jusqu'au milieu de son habitation, jusque dans *l'asile de ses jouissances domestiques* pour employer les expressions de l'orateur du Gouvernement (2). C'est dans ce but qu'a été écrit l'article 11, commun d'ailleurs aux explorateurs et aux concessionnaires.

Une autre restriction au droit de recherches est imposée par l'art. 12 *in fine :* « Dans aucun cas, les recher-

(1) Voyez 9 août 1838. *Annales des Mines*, 3ᵉ série, t. xvi, p. 691.
(2) Voyez *Exposé de motifs*, par Regnault de Saint-Jean-d'Angely.

ches ne peuvent être autorisées dans un terrain déjà concédé. » Il résulte de là que le gouvernement ne peut accorder un permis de recherches dans le périmètre d'une concession, même en supposant que la substance recherchée soit autre que celle concédée. Il faut cependant reconnaître au concessionnaire le droit de faire des recherches sans aucune autorisation, car ses travaux d'exploitation se confondent nécessairement avec de nouveaux travaux d'exploration.

« La dernière disposition de l'article 12, disait le rapporteur, interdit toutes recherches dans un terrain déjà concédé. Des recherches qui auraient pour objet la mine concédée seraient une entreprise sur la propriété d'autrui ; s'il existait dans un terrain déjà concédé une mine inconnue, tous les motifs se réunissent pour en attribuer *exclusivement* la recherche au concessionnaire de la première. »

Quelques personnes, sans tenir compte de l'expression *exclusivement* du rapporteur, et se fondant d'ailleurs sur le texte de la loi qui ne s'applique qu'aux recherches *autorisées*, soutiennent que, même après la concession, le propriétaire de la surface conserve son droit d'exploration, parce qu'il dérive du droit de propriété lui-même.

Il nous paraît difficile d'admettre cette opinion. Si le propriétaire du sol avait conservé son droit de recherches il pourrait le céder, il pourrait autoriser des explorations de la part d'un tiers, et c'est là précisément ce que la loi a voulu empêcher.

## SECTION III.

### *Du produit des recherches.*

Lorsque les travaux de recherches ont été assez étendus pour donner des produits d'une certaine importance, on peut se demander si l'explorateur a le droit d'en disposer sans autorisation du gouvernement. Dans le système que nous avons adopté comme principe de la propriété des mines la solution est facile. Nous avons dit qu'avant la concession, les mines pouvaient être considérées comme des *res nullius,* et qu'elles étaient à la disposition du gouvernement.(1). La conséquence toute naturelle est que le produit des recherches se trouve aussi à la disposition du gouvernement et n'appartient jamais à l'explorateur, fût-il propriétaire du sol. Si donc il veut disposer de ce produit, s'il veut le livrer au commerce, il lui faut obtenir une autorisation. Ce point est reconnu depuis longtemps par l'administration des mines ; et, dans le cas où le permis de recherches ne contient aucune disposition à cet égard, ou bien quand le propriétaire lui-même a fait les explorations, c'est le ministre des travaux publics qui délivre, s'il y a lieu, un permis de vente, sur le rapport du directeur général des mines (2).

Nous savons déjà que le propriétaire de la surface a droit

(1) V. p. 54 et 63.
(2) Cette vente n'entraîne pas plus l'imposition à la patente que l'exploitation elle-même, en vertu de l'article 32 de la loi. — Ordonnance du 9 juin 1842. — Lebon, 1842, p. 289.

à une redevance sur le produit des mines concédées. Ce droit doit aussi s'étendre sur le produit des recherches, car du moment qu'il existe comme conséquence de la propriété du sol, peu importe que le minerai ait été extrait par des travaux de recherches ou d'exploitation. En outre, c'est au gouvernement qu'il appartient de régler ce droit, quand bien même les explorations n'ayant été précédées ni du consentement du propriétaire, ni de l'autorisation du gouvernement, constitueraient une voie de fait. Seulement, dans cette dernière hypothèse, les tribunaux judiciaires seraient compétents pour fixer les dommages-intérêts auxquels l'invasion illicite donnerait lieu. Ces principes sont reconnus par une jurisprudence constante du Conseil d'Etat (1), mais la Cour de cassation se refuse à les admettre. Elle décide, en se fondant sur l'article 552 du Code Napoléon, que le prix intégral des matières extraites est dû au propriétaire, et que les tribunaux judiciaires sont exclusivement compétents pour le fixer à dire d'experts (2). Dans ce conflit entre les deux juridictions suprêmes, c'est le Conseil d'Etat qui, suivant nous, applique les véritables principes de la loi de 1810.

(1) Ordonn. du 16 avril 1811, Lebon et Gauté, 1811, p. 146.— Ordonn. du 30 mars 1842, Lebon, 1842, p. 289. — Ordonn. du 9 juin 1842, Lebon, 1842, p. 289. — Décret du 16 novembre 1849, Lebon et Gauté, 1849, p. 636.

(2) Cass. 1ᵉʳ février 1811, Devilleneuve, I, 121.— 3 mai 1843. Devilleneuve, 1843, I, 768. — Voy. Cep. 8 août 1839, Devilleneuve, 1839, I, 669. — 4 janv. 1844, Devilleneuve, 2844, I, 723.

## SECTION IV.

### *Du permis de recherches.*

Celui qui veut explorer le terrain d'autrui doit d'abord chercher à s'entendre avec le propriétaire ; mais si le propriétaire du sol refuse son consentement ou fait des conditions inadmissibles, l'explorateur a recours au Gouvernement. Il demande au préfet par voie de simple pétition l'autorisation de faire les travaux de recherches, il développe les raisons qui militent en faveur de l'existence d'un gisement dans le terrain qu'il veut explorer, il indique avec précision l'étendue de terrain qui sera reconnue, il s'engage enfin à dédommager, à dire d'experts, le propriétaire pour tous les dégâts que lui causeront les travaux de recherches et à verser à titre de garantie une somme déterminée (1). La demande est alors étudiée, l'ingénieur des mines du département en constate la régularité, le propriétaire du sol est mis en demeure de présenter ses observations par l'intermédiaire du sous-préfet et du maire de sa commune. Le dossier revient entre les mains de l'ingénieur ordinaire, qui donne son opinion générale sur l'affaire et fait connaître la nature du terrain, la probabilité du succès et la meilleure direction à suivre dans les travaux, puis il passe dans les mains de l'ingénieur en chef qui donne son avis motivé à la suite (2). Le préfet,

(1) Instruction ministérielle du 3 août 181), relative à l'exécution de la loi du 21 avril 1810, section A, § 1er.

(2) Art. 22 et 33 du décret du 18 novembre 1810, portant organisation du corps des ingénieurs des mines.

émettant alors son propre avis sur le tout, prend un arrêté qui admet ou rejette la demande. Cependant, cet arrêté ne statue pas définitivement : les pièces sont transmises au ministre des travaux publics, lequel, après avoir consulté le Conseil des mines, rédige un projet de décret qui est soumis à la section des travaux publics du Conseil d'Etat. Sur l'avis de ce Conseil, l'Empereur accorde ou refuse le permis par un décret.

Le décret qui confère la permission de recherches détermine toutes les conditions, notamment la durée du permis, et le point de départ du délai de trois mois dans lequel les travaux doivent être mis en activité d'après l'instruction ministérielle de 1810. Cet acte forme un contrat synallagmatique entre l'administration et le permissionnaire ; de sorte que, si ce dernier n'exécutait pas les conditions imposées par son titre, la résolution aurait lieu même en l'absence de toute réserve spéciale à ce sujet. Aux termes de l'instruction ministérielle : dans le cas d'inaction formellement constatée, après avoir entendu le permissionnaire, et sur le rapport du préfet et de l'administration des mines, la permission peut être révoquée et accordée à d'autres.

Lorsqu'un permis de recherches est demandé, le propriétaire du sol, avons-nous dit, doit être entendu. Qu'arriverait-il si cette prescription avait été méconnue ? Le propriétaire pourrait se pourvoir au contentieux devant le Conseil d'Etat. Quant au pétitionnaire qui n'aurait pas obtenu le permis de recherches, il n'aurait pas cette ressource, puisque sa demande ne repose sur aucun droit et qu'il sollicite simplement la faveur du gouvernement.

L'instruction ministérielle du 3 août 1810, dit que le
permis de recherches est accordé par le *ministre de l'intérieur;* mais c'est à tort. D'après l'article 10 de la loi,
il doit être accordé par *le gouvernement.* Or, ce mot *gouvernement,* dans la langue du droit administratif, a toujours
signifié le *chef de l'État,* quel que fut d'ailleurs son titre
spécial. La preuve en est même écrite dans l'article 38 de
la loi où on lit ces mots significatifs : « *Le gouvernement
accordera..... par un décret* (1). » Au reste, depuis une
ordonnance du 19 août 1832 (2), la question ne fait pas de
doute en pratique.

## SECTION V.

*De l'indemnité due par l'explorateur au propriétaire.*

L'explorateur, muni de son permis, doit acquitter
d'abord l'indemnité due au propriétaire. D'après l'article 10, en effet, cette indemnité doit être préalable;
mais ce règlement préalable est fort difficile à faire. D'une
part, on ne saurait estimer exactement un dommage futur;
et, d'autre part, il y a lieu de distinguer dans l'évaluation
si les travaux ont duré plus ou moins d'une année (3). On
lèvera la difficulté en consignant la somme fixée approxi-
mativement par les experts ou bien en donnant caution.

(1) L'instruction se contredit et rentre dans la vérité quand elle parle
du *décret de permission.* (Section B, action de l'autorité judiciaire.)
(2) *Annales des mines,* 3e série, t. III, p. 732.
(3) V. 18 février 1846 (Ponelle) ; 12 août 1854 (de Grimaldi).

Quelle est l'autorité compétente pour prononcer sur les dommages causés aux propriétaires de la surface par les travaux faits, soit pour la recherche, soit pour l'exploitation des mines? Est-ce le conseil de préfecture ou le tribunal civil qui est compétent pour estimer l'indemnité dont le principe et le taux sont réglés par les articles 43 et 44 de la loi de 1810?

Il faut distinguer pour la solution de la question entre les dommages causés par les travaux faits pour la recherche des mines, et ceux postérieurs à la concession, et qui ont pour objet l'exploitation des mines.

La jurisprudence du Conseil d'Etat attribue les premiers aux conseils de préfecture.

Si les dommages sont, au contraire, postérieurs à la concession de la mine, nous croyons que les tribunaux judiciaires sont seuls compétents.

Cette solution est conforme à ce que Napoléon disait dans la séance du Conseil d'Etat du 22 mars 1806, sur les idées fondamentales qui devaient présider à la rédaction du projet de loi : « Il faut aussi que les contestations qui s'élèveront à ce sujet soient renvoyées devant les tribunaux. »

La jurisprudence est d'ailleurs formelle en faveur de la compétence judiciaire pour les indemnités postérieures à la concession. On objecte la disposition finale de l'article 44 de la loi de 1810, qui renvoie à des textes (1)

---

(1) Loi du 16 septembre 1807, *sur le desséchement des marais*, tit. xi, art. 56 et 57.

ayant pour objet le mode d'expertise et la compétence
de l'autorité appelée à juger les indemnités pour dommages naissant de travaux publics et qui donnent tout aux
conseils de préfecture.

Mais cette objection disparaît lorsqu'on se reporte aux
travaux préparatoires de la loi de 1810 :

1° Le projet de cette loi contenait un titre ix, ayant pour
rubrique : *de la compétence de l'administration*. Ce titre
renfermait deux articles portant les nos 92 et 93. Le premier
déterminait les attributions contentieuses de l'autorité
administrative. L'art. 93 était ainsi conçu : « Toutes les
contestations ayant trait aux indemnités qui seraient dues
aux propriétaires des terrains par les concessionnaires ou
par les exploitants avec permission, pour raison de non-
jouissance ou dégâts occasionnés à la surface, pour action
personnelle ou hypothécaire contre les concessionnaires,
seront portées aux tribunaux, suivant la marche ordinaire en matière civile. »

Lorsque ce titre fut soumis à la discussion du Conseil
d'Etat, dans la séance du 8 août 1809, « Napoléon dit
qu'il fallait renvoyer devant les tribunaux les discussions qui, dans ce titre, étaient réservées à l'administration. » (1) Et sur cette seule observation, ce titre
a disparu. Que résulte-t-il de là ? Que la question
de compétence judiciaire à l'effet de prononcer sur les
dommages dus aux propriétaires de la surface par les
concessionnaires de la mine, n'a point paru douteuse
aux rédacteurs du projet de loi, ni à ceux qui ont pris
part à la discussion, et que si l'article qui la proclamait
de la manière la plus claire et la plus évidente a disparu

(1) Locré, t. ix, p. 193.

du projet, c'est parce qu'il faisait partie d'un titre qui
avait pour objet de régler la *compétence de l'administration,* compétence que l'on a voulu restreindre au profit
de celle de l'autorité judiciaire.

2° La commission du Corps législatif chargée d'examiner le projet de loi avait proposé de substituer à l'article 46 la disposition suivante : « *Toutes les questions
d'indemnités à payer par les propriétaires de mines ou
explorateurs seront jugées par les tribunaux et cours.* »

Voici comment elle motivait son amendement : « On
a cru qu'il était conforme aux principes d'attribuer aux tribunaux toutes les questions d'indemnité, puisqu'elles ré-
sultent toutes du droit de propriété. A la vérité, quand un
explorateur fait des recherches en vertu d'une autorisation
du gouvernement, il y aurait quelque raison de régler
la compétence, conformément à l'article 4 de la loi du
28 pluviôse an VIII; mais la commission a pensé qu'il
était préférable de ne pas faire cette distinction et de
placer généralement toutes les questions d'indemnités
dans le ressort des tribunaux. » Ce changement de rédaction n'a pas été admis par le Conseil d'Etat, ce qui
prouve que ce texte doit se prendre dans le sens proposé par la commission du Corps législatif. Or il résulte
du rapport fait par M. Stanislas de Girardin qu'il faut
admettre, sous le rapport de la compétence, la distinction entre les travaux antérieurs et les travaux postérieurs
à la concession, pour en induire, dans le premier cas, la
compétence administrative, et, dans le second cas, la compétence judiciaire (1).

(1) Locré, t. ix, p. 528.

# CHAPITRE VI.

## Des concessions de Mines.

*Loi du 21 avril 1810.* — « Art. 13. Tout Français ou tout étranger naturalisé ou non en France, agissant isolément ou en société, a le droit de demander et peut obtenir, s'il y a lieu, une concession de mines.

» Art. 14. L'individu ou la société doit justifier des facultés nécessaires pour entreprendre et conduire les travaux, et des moyens de satisfaire aux redevances et indemnités qui lui seront imposées par l'acte de concession.

» Art. 15. Il doit aussi, le cas arrivant de travaux à faire sous des maisons ou lieux d'habitation, sous d'autres exploitations ou dans leur voisinage immédiat, donner caution de payer toute indemnité, en cas d'accident : les demandes ou oppositions des intéressés seront, en ce cas, portées devant nos tribunaux et cours.

» Art. 16. Le Gouvernement juge des motifs ou considérations d'après lesquelles la préférence doit être accordée aux divers demandeurs en concession, qu'ils soient propriétaires de la surface, inventeurs ou autres. — En cas que l'inventeur n'obtienne pas la concession d'une mine, il aura droit à une indemnité de la part du concessionnaire; elle sera réglée par l'acte de concession.

. . . . . . . . . . . . . . . . . . .

» Art. 22. La demande en concession sera faite par voie de simple pétition adressée au préfet, qui sera tenu de la faire enregistrer à sa date sur un registre particulier, et d'ordonner les publications et affiches dans les dix jours.

» Art. 23. Les affiches auront lieu pendant quatre mois, dans le chef-lieu du département, dans celui de l'arrondissement où la mine est située, dans le lieu du domicile du demandeur, et dans toutes les communes dans le territoire desquelles la concession peut s'étendre. Elles seront insérées dans les journaux du département.

» Art. 24. Les publications des demandes en concession de mines auront lieu devant la porte de la maison commune et des églises paroissiales et consistoriales, à la diligence des maires, à l'issue de l'office, un jour de dimanche et au moins une fois par mois pendant la durée des affiches. Les maires seront tenus de certifier ces publications.

» Art. 25. Le secrétaire général de la préfecture délivrera au requérant un extrait certifié de l'enregistrement de la demande en concession.

» Art. 26. Les demandes en concurrence et les oppositions qui y seront formées seront admises devant le préfet jusqu'au dernier jour du quatrième mois, à compter de la date de l'affiche : elles seront notifiées par actes extrajudiciaires à la préfecture du département, où elles seront enregistrées sur le registre indiqué à l'article 22. Les oppositions seront notifiées aux parties intéressées et le registre sera ouvert à tous ceux qui en demanderont communication.

» Art. 27. A l'expiration du délai des affiches et publications, et sur la preuve de l'accomplissement des formalités portées aux articles précédents, dans le mois qui suivra au plus tard, le préfet du département, sur l'avis de l'ingénieur des mines, et après avoir pris des informations sur les droits et les facultés des demandeurs, donnera son avis, et le transmettra au ministre de l'intérieur (1).

» Art. 28. Il sera définitivement statué sur la demande en concession par un décret délibéré en Conseil d'État. — Jusqu'à l'émission du décret, toute opposition sera admissible devant le ministre de l'intérieur ou le secrétaire gé-

(1) Le ministère de l'intérieur comprenait avant 1815 l'intérieur, le commerce, l'instruction publique et les cultes. Il faut donc lire aujourd'hui *ministère des travaux publics* partout où on lit dans la loi de 1810 *ministère de l'intérieur*.

néral du Conseil d'État : dans ce dernier cas, elle aura lieu par une requête signée et présentée par un avocat au Conseil, comme il est pratiqué pour les affaires contentieuses ; et, dans tous les cas, elle sera notifiée aux parties intéressées. — Si l'opposition est motivée sur la propriété de la mine acquise par concession ou autrement, les parties seront renvoyées devant les tribunaux et cours.

» Art. 29. L'étendue de la concession sera déterminée par l'acte de concession : elle sera limitée par des points fixes pris à la surface du sol, et passant par des plans verticaux menés de cette surface dans l'intérieur de la terre une profondeur indéfinie, à moins que les circonstances des localités ne nécessitent un autre mode de limitation.

» Art. 30. Un plan régulier de la surface, en triple expédition, et sur une échelle de dix millimètres pour cent mètres, sera annexé à la demande. — Ce plan devra être dressé ou vérifié par l'ingénieur des mines, et certifié par le préfet du département. »

## SECTION I.

### Des demandes en concession (1).

L'acte de concession d'une mine crée une propriété nouvelle. Cette propriété est perpétuelle et trans-

(1) Voyez *Exposé de motifs*, par M. le comte Regnault de Saint-Jean-d'Angely, (Locré, p. 493, 494.)

. . . Avant que la concession puisse s'accorder, de nombreux préliminaires s'offrent à la pensée, et doivent être soumis à des règ es.

Rechercher des mines est un travail qui doit être encouragé : il le sera ; qui doit être surveillé : et en le permettant, l'Administration ne le perdra pas de vue ; elle écartera les recherches des maisons, des enclos, où le propriétaire doit trouver une liberté entière et le respect pour l'asile de ses jouissances domestiques.

Désintéressé par la redevance à laquelle il a droit, le propriétaire n'a

missible, *inviolable et sacrée dans le droit et dans le fait* (1).

A raison de sa haute gravité, l'acte de concession a la forme d'un décret délibéré en Conseil d'État.

### § 1. — De la forme des demandes.

La demande en concession rédigée sur papier timbré et adressée au préfet, comprend la pétition proprement dite et les annexes. L'instruction ministérielle du 3 août 1810, section A, § 2, et les articles 22, 14, 30 et 25 de la loi spéciale fournissent toutes les indications nécessaires pour la régularisation de ces pièces. La demande est examinée successivement au département de la situation, au ministère des travaux publics et au Conseil d'État, après que la publicité, tant par affiches que par journaux, en a été faite pendant les délais légaux.

La disposition de l'article 22 de la loi de 1810 fut régulièrement exécutée pendant un grand nombre d'années. Il

plus, à la concession, ce droit de préférence, l'une des inconséquences les plus remarquables de la loi de 1791.

Juge entre les prétendants, estimateur impartial de leurs droits comme de leurs moyens, le gouvernement prononce entre tous les concurrents, et assure à l'inventeur, s'il ne l'emporte pas, l'indemnité qui lui est due.

L'acte de concession donne la propriété libre, et, si je puis ainsi parler, vierge au concessionnaire désigné, parce que tous les intéressés, inventeurs et propriétaires de la surface, sont appelés et que leurs droits sont réglés par l'acte même.

Le système des hypothèques est adopté comme pour les autres propriétés. Des privilèges qui auront aujourd'hui une base solide peuvent être établis, et faciliteront les grandes entreprises. . . . . .

(1) Paroles de Napoléon au Conseil d'État. Séance du 18 novembre 1809. — Locré, t. IX, p. 344.

suffisait qu'une demande en concession accompagnée des pièces réglementaires fût adressée au département où la mine était située pour qu'elle fût aussitôt soumise à la publicité. Mais il arriva que des demandes en concession se produisirent sans qu'il eût été fait aucune recherche sé-'rieuse, sans qu'il y eût apparence de gisement conces-sible.

### § 2. — Des recherches préalables.

En 1837, l'administration crut bien faire en décidant qu'il ne serait plus affiché de demandes en concession qu'autant que les auteurs auraient préalablement justifié de l'existence certaine d'un gîte minéral (1).

Ce régime sévère qui multipliait les entraves déjà si nombreuses, apportées par la loi aux demandes et à l'ob-tention des concessions (2), eut en outre des inconvé-nients plus graves que ceux qu'on avait voulu éviter.

(1) Circulaire du Directeur général des ponts et chaussées et des mines, en date du 31 octobre 1837.

(2) Un ingénieur américain, M. Eugène Gaussoin, ingénieur de mines à Baltimore (Maryland), consulté sur l'opportunité des recherches de pé-trole en Auvergne, écrivait à la date du 22 août 1855 :

« . . . . . Les livres, cartes et extraits que vous m'avez envoyés, tous parfaitement choisis pour mes études de notre question *petroleum*, me con-firment dans l'opinion que je m'étais formée des résultats avantageux auxquels pourraient aboutir des recherches de *petroleum* dans le dépar-tement du Puy-de-Dôme.

« . . . . . Je ne pense donc pas que j'hésiterais à conseiller des re-cherches, quoique l'examen des localités puisse changer cette opinion, et je n'aurais pas de peine à déterminer plusieurs personnes à risquer l'a-venture en France; MAIS, je trouve au début ce que je craignais, cette malheureuse législation française qui a tant fait pour arrêter tout dé-veloppement de l'esprit d'entreprise dans les travaux de mines. . . . .

Il n'y a pas moyen d'échapper aux nombreuses formalités préalables, or, pour le cas de *petroleum* les recherches se font par des sonda-

« La demande en concession adressée au préfet était ren-
voyée par ce magistrat à l'ingénieur des mines chargé de
constater l'existence du gîte. L'ingénieur se transportait
sur les lieux désignés dans la demande, quand il en avait le
temps; aucun délai ne lui était assigné. Souvent il indi-
quait comme nécessaires, avant l'affichage, de nouveaux
travaux de recherches, puis il renouvelait ses visites pour
voir si ses indications avaient été suivies. De là des lon-
gueurs interminables de nature à décourager les patiences
les plus robustes (1). Les intéressés ne cessaient de s'en
plaindre et non sans raison.

D'un autre côté, le public se plaignait aussi et rendait
l'administration moralement responsable des entreprises
avortées. Une Société s'organisait assez facilement sur la
foi des affiches autorisées, après constatation de l'exis-

ges qui, s'ils réussissent, constituent tout l'ouvrage, ou bien on a un
puits jaillissant et l'on n'a qu'à recevoir l'huile dans des citernes, la mettre en tonneaux et l'expédier, ou bien on a un puits à pomper, ce qui est
une exploitation très simple...... »

(1) C'est le lieu de reconnaître que l'administration a souvent fait des
efforts pour répondre aux justes plaintes qui lui étaient adressées.
Une circulaire du 30 avril 1861, engage instamment les ingénieurs des
mines à faire tous leurs efforts pour se rapprocher autant que possible
des délais règlementaires, pour l'instruction des demandes en concession.
« .... En industrie surtout, le temps est un capital, écrivait M. Rouher,
alors ministre de l'agriculture, du commerce et des travaux publics,
nous devons nous attacher soigneusement à le ménager, en évitant toutes
les lenteurs qui ne seraient pas rigoureusement indispensables. . . . . »
Le jugement sévère de l'ingénieur américain, rapporté à la note précédente, se trouve en quelque sorte justifié par un autre passage de cette
même circulaire du 30 avril 1861 : « Telle est, dit en terminant le ministre, la marche que désormais et sans exception, MM les ingénieurs
devront suivre dans l'examen qu'ils auront à faire des demandes en concession de mines ; en suivant cette marche, nous empêcherons que des
affaires ne restent, comme il n'est que trop fréquemment arrivé jusqu'ici,
en suspens *pendant des années entières*. . . . . . »

tence du gîte par les ingénieurs du gouvernement, et la concession pouvait lui être refusée si l'instruction était favorable à un concurrent plus heureux.

L'administration a donc renoncé au système admis en 1837, et une circulaire du ministre de l'agriculture, du commerce et des travaux publics en date du 10 décembre 1863, enjoint aux préfets de prendre les mesures nécessaires pour que les demandes en concession de mines soient, après leur inscription sur le registre spécial proscrit par l'article 22 de la loi, publiées et affichées dans le délai réglé par cet article. Les ingénieurs devront profiter de la durée même de ces affiches pour visiter les lieux, constater les travaux de recherches exécutés, les découvertes faites, recueillir enfin toutes les informations nécessaires et ils pourront ainsi mettre le préfet à même de formuler, dans le délai de l'article 27, son avis sur la demande.

### § 3. — Décret de concession.

L'obtention de la concession est subordonnée à un examen approfondi des ingénieurs, aux avis successifs du préfet, du Conseil général des mines et enfin du Conseil d'État. Le projet de décret préparé au Conseil d'État par la section des travaux publics est discuté en assemblée générale (1) et la décision impériale qui le confirme est précédée de la formule : *Le Conseil d'État entendu.* Le décret énonce les prénoms, nom, qualités et domicile du conces-

(1) Décret règlementaire du Conseil d'État, du 30 janvier 1852. — Art. 13, 5°.

sionnaire ou des concessionnaires, la nature et la situation
de la mine concédée ; il en désigne les limites et exprime
son étendue en kilomètres carrés ; il détermine le mode
d'exploitation qui devra être suivi, l'obligation d'acquitter
les redevances exigibles aux termes de la loi, il indique
enfin l'époque à partir de laquelle la redevance proportionnelle envers l'État commencera à être percevable, et
l'obligation d'acquitter envers les propriétaires de la surface ou à l'égard des inventeurs, les indemnités déterminées par la loi. Ce décret n'est opposable aux tiers qu'autant qu'il a été promulgué : il est donc inséré au *Bulletin
des Lois*, et adressé par le ministre au préfet du département qui le notifie sans délai au concessionnaire et en ordonne les publications et affiches dans les communes sur
lesquelles s'étend la concession.

SECTION II.

*Du choix des concessionnaires de Mines.*

« Le gouvernement s'étant réservé exclusivement le droit
de concéder les mines a dû se donner toute latitude pour
accorder des concessions à ceux qui offriraient le plus de
moyens d'en tirer parti » (1). Ces paroles du rapporteur
énoncent le principe de la loi sur le choix du titulaire de
la concession.

Tout le monde, l'Etat lui-même, peut devenir concessionnaire. La loi du 6 avril 1825, votée grâce aux
efforts de Cuvier qui s'est appuyé sur la distinction entre le

(1) Locré, t. IX, p. 517 (Rapport de M. Stanislas Girardin).

Gouvernement, pouvoir administratif, et l'Etat, personne morale, a reconnu au Gouvernement le droit de mettre le domaine de l'Etat en possession d'une mine (1). C'est en exécution de cette loi que l'ordonnance du 21 août 1825 a fait concession au domaine de l'Etat des mines de sel gemme situées dans les départements de l'Est.

Une commune (2), un département peuvent également devenir concessionnaires.

La concession peut être accordée à une société : c'est en fait ce qui arrive le plus souvent. Toutes les formes de société indiquées par le Code Napoléon et par le Code de commerce sont possibles.

La discussion du 20 juin 1809 au conseil d'Etat, prouve qu'on n'en a prohibé aucune. M. Berlier avait proposé d'interdire les sociétés anonymes parce que, suivant lui, la concession transférant une propriété perpétuelle et incommutable, on ne devait pas souffrir que cette propriété reposât sur des êtres de raison. Mais sa proposition ne fut pas adoptée. Regnault de Saint-Jean d'Angely fit observer qu'interdire les sociétés anonymes ce serait empêcher les associations sans lesquelles il devient presque impossible d'entreprendre des exploitations aussi considérables que celles des mines, et qu'il fallait nécessairement admettre un mode qui appelât tous les capitaux partiels et en formât une somme totale pour commencer et soutenir l'entreprise. L'archichancelier Cambacérès ap-

(1) V. *Moniteur* de 1825, p. 142, 480 et 482.
(2) Ordonnance du 31 mai 1833. *Annales des Mines*, 3ᵉ série, t. IV, p. 572.

puya même cette opinion en disant qu'il était facile d'empêcher la formation des sociétés anonymes qui ne présen-
teraient pas de sûreté, puisque leur existence était toujours
subordonnée à l'autorisation du Gouvernement (1).

Les sociétés formées pour l'exploitation des mines sont
des sociétés civiles. La discussion de la loi ne permet pas
de douter de cette solution En effet, l'article 32 était ainsi
rédigé quand le projet fut soumis à la critique du Corps
législatif : « *L'exploitation des mines ne sera pas considérée
comme un commerce à patente.* » L'exploitation était donc
un commerce aux yeux du conseil d'Etat. Le Corps législatif n'admit pas cette opinion et proposa la rédaction suivante qui fut adoptée :

Art. 32. « L'exploitation des mines n'est pas considérée
comme un commerce, et n'est point sujette à patente. »

« Cette rédaction, disait la Commission (2), est proposée
pour plus grande clarté. Elle fera cesser les contestations
qui s'élèvent fréquemment sur la question de savoir si les
sociétés qui exploitent une mine sont de la compétence des
tribunaux de commerce. La mine étant une propriété foncière, le particulier ou la société qui l'exploite fait valoir
son héritage et rien de plus. Il faut donc exprimer clairement qu'il n'y a pas lieu à le traduire devant les tribunaux
de commerce. »

Quelque contestable que soit l'assimilation entre l'exploitation d'un héritage et celle d'une mine, l'intention du

(1) V. Locré, séance du 20 juin 1809; p. 206.
(2) V. observations de la Commission du Corps législatif du 17 mars
1810. Locré, t. IX, p. 431.

rédacteur est manifeste : L'exploitation de la mine n'est pas un commerce, par conséquent la société formée pour cette exploitation n'est pas commerciale (1). Il n'y aurait même pas lieu de distinguer, suivant nous, si la société a emprunté la forme d'une des sociétés reconnues par le Code de commerce, et notamment si elle a émis des actions.

Il peut se présenter des cas où la constitution de la société est telle qu'il est difficile de reconnaître sa véritable nature. Dans ces cas, si les clauses du pacte social sont ambigues, les tribunaux pourront restituer à ce pacte son véritable caractère en déterminant la nature de la société. Mais lorsqu'une société ayant pour objet la continuation de travaux de recherches, l'obtention d'une concession, l'exploitation de mines découvertes et à découvrir s'est constituée en société *purement civile* en déclarant qu'elle serait régie par les articles 1832 et suivants du Code Napoléon, et a confié son administration à des associés qui ne contractent pas d'obligation solidaire, cette société, civile par la volonté des parties contractantes, par son objet et son administration, ne peut pas être considérée comme une société en commandite, encore bien que son capital ait été constitué en actions au porteur. Il est de jurisprudence que ces sortes d'actions, inhérentes aux sociétés en commandite, peuvent être transportées dans les sociétés civiles auxquelles elles ne sont point interdites.

La question précédente offre un grand intérêt. On sait,

---

(1) V. entre autres arrêts : Cassation, 15 avril 1834 ; Sirey, 1834, I, 650. — Nancy, 28 novembre 1840 ; Dalloz, 1841, II, 81. — Cassation, 10 mars 1841 ; Devilleneuve, 1841, I, 337. — Riom, 21 janvier 1842 ; Devilleneuve, 1842, II, 200.

en effet, que la loi du 17 juillet 1856, a été édictée pour réprimer les abus des *sociétés en commandite par actions*, réglées par les articles 23 à 28 du Code de commerce. Ce but est clairement indiqué dans l'Exposé de motifs et dans le rapport de la commission qui ont précédé la discussion au Corps législatif. L'intention du législateur se révèle en outre par deux actes importants qui l'ont précédée et suivie : le projet de loi de 1848, par lequel le gouvernement, effrayé des progrès du mal, auquel la loi du 17 juillet a mis un terme, proposait la suppression absolue des sociétés en commandite ; et la loi de 1863 qui crée les sociétés à *responsabilité limitée*, lesquelles diffèrent essentiellement des sociétés en commandite, et qui reproduit pour les nouvelles sociétés par actions la pénalité de la loi du 17 juillet, dispositions qui prouvent qu'en dehors de la commandite du Code de commerce, le législateur ne pensait pas que cette loi fût applicable.

L'opinion que nous adoptons a été consacrée par un arrêt de la cour de Riom du 25 mai 1864, rendu dans une importante affaire.

Au mois d'avril 1861, une société s'était fondée, sous la dénomination de *Société houillère du Nord*, pour rechercher des mines de charbon, et spécialement pour exploiter des mines découvertes dans le bassin de Brassac (Puy-de-Dôme) ; elle s'était constituée au capital de 2,400,000 fr , divisé en 6,000 actions au porteur de 400 francs. Dans le cours des années 1861 et 1862, cette société fit plusieurs émissions d'actions, et dans ces diverses circonstances, des circulaires et annonces furent publiées pour faire appel aux capitaux du public.

Le procureur impérial d'Issoire considéra cette société comme une *société en commandite par actions*, qui ne devait pas diviser son capital en actions d'une valeur inférieure à 500 francs, aux termes de la loi du 17 juillet 1856, et il vit dans ses circulaires et annonces trois délits distincts :

1º L'émission, la négociation et la publication d'actions en contravention à la loi du 17 juillet.

2º La publication, faite de mauvaise foi, de faits faux pour obtenir des souscriptions.

Deux délits spéciaux créés par les art. 11 et 12 de la loi du 17 juillet.

Et 3º le délit d'escroquerie prévu par l'article 405 du Code pénal.

Le tribunal de police correctionnelle d'Issoire déclara la loi du 17 juillet inapplicable aux prévenus pour les délits spéciaux qu'elle prévoit, et ne retint contre eux que la prévention d'escroquerie. Sur un double appel, et après dix jours de débats, la cour de Riom rendit un arrêt confirmatif.

## SECTION III.

### § 1. — Des oppositions et demandes en concurrence.

L'instruction d'une demande en concession peut être entravée par divers incidents. Les uns se produisent sous forme d'*oppositions*, tendant à détourner le Gouvernement d'accorder la concession, les autres, sous forme de *demandes en concurrence*, ayant pour but d'obtenir la concession à l'exclusion des premiers demandeurs. L'article 26 indique la marche à suivre dans les deux cas.

Les unes et les autres sont admises, dans la pratique, jusqu'à la dernière limite, l'émission du décret. Ce système est conforme à l'esprit de la loi des mines; dès l'instant qu'il est reconnu que le Gouvernement choisit en toute liberté parmi les concurrents, il faut admettre que le demandeur qui se présente au dernier moment peut être préféré lorsque ses garanties de capacité et de fortune sont supérieures à celles de ses compétiteurs. Le Gouvernement, juge souverain dans l'intérêt général, peut ajourner sa décision pour soumettre la demande nouvelle à une complète instruction, conformément aux articles 22, 23, 24 et 25, comme il peut continuer la première instruction en rejetant de suite la nouvelle demande. Ces principes ont été reconnus et développés par un avis du Conseil d'Etat du 3 mai 1837, commenté par une circulaire ministérielle du 30 mai 1843.

§ 2. — Des réclamations contre l'acte de concession.

Des difficultés d'une autre nature peuvent s'élever lorsque le décret de concession a été rendu. Ce décret doit être précédé de formalités qui ont pour objet d'avertir les intéressés et de provoquer leurs oppositions ; si ces formalités ont été observées, le décret ne peut pas être attaqué par les intéressés, propriétaires de la surface, inventeurs ou autres ; c'est un acte de pure administration. Si, au contraire, ces formalités n'ont pas été observées, l'opposition est recevable par la voie contentieuse.

Toutes les questions relatives aux droits conférés au concessionnaire par l'acte de concession, c'est-à-dire toutes les questions d'*application* du titre sont du ressort des tribunaux ordinaires. Si, au contraire, il s'élevait des doutes sur l'*interprétation* même du titre, les tribunaux seraient tenus de se déclarer incompétents. Ils pourraient, dans certains cas, reconnaître que l'acte est suffisamment clair, qu'il n'y a pas lieu de l'interpréter de deux manières et déjouer ainsi les manœuvres dilatoires d'un plaideur de mauvaise foi. Mais si l'administration intervenait elle-même pour demander le renvoi préalable de deux compagnies de mines, par exemple, devant l'autorité compétente pour donner l'interprétation d'actes de concession invoqués dans un procès, l'autorité judiciaire ne pourrait refuser de prononcer le sursis et le renvoi ainsi demandés en se fondant sur ce que les actes en cause ne lui paraissent présenter ni doute ni ambiguïté (1).

(1) V. Conseil d'État, 8 avril 1865. Société des mines d'Anzin contre Comp. houillère de Thivincelles. Dalloz, 1866, III, 6.

## SECTION IV.

### Des obligations des concessionnaires envers le gouvernement.

« Loi *du 21 avril 1810.* — Art. 33. Les propriétaires de mines sont tenus de payer à l'État une redevance fixe, et une redevance proportionnée au produit de l'extraction.

» Art. 34 La redevance fixe sera annuelle et réglée (1) d'après l'étendue de celle-ci : elle sera de dix francs par kilomètre carré. — La redevance proportionnelle sera une contribution annuelle, à laquelle les mines seront assujetties par leurs produits.

» Art. 35. La redevance proportionnelle sera réglée chaque année par le budget de l'État, comme les autres contributions publiques : toutefois, elle ne pourra jamais s'élever au dessous de cinq pour cent du produit net. Il pourra être fait un abonnement pour ceux des propriétaires de mines qui le demanderont.

» Art. 36. Il sera imposé en sus un décime pour franc, lequel formera un fonds de non-valeur, à la disposition du ministre de l'intérieur, pour dégrèvement en faveur des propriétaires de mines qui éprouveront des pertes ou accidents.

---

(1) L'article 33 parle d'une redevance proportionnel'e au produit de *l'extraction,* et l'article 34 dit que la redevance fixe sera réglée *d'après l'étendue de celle-ci.* Ces derniers mots paraissent donc s'appliquer à l'extraction. Il n'en est rien cependant. La loi a voulu parler de *l'étendue de la concession,* autrement la redevance fixe serait une véritable redevance proportionnelle. Ce vice de rédaction vient de ce que l'article 34 portait dans le projet : *réglée par l'acte de concession, d'après l'étendue de celle-ci.* On a supprimé les mots : *par l'acte de concession;* et, par mégarde, on a laissé subsister les autres : *d'après l'étendue de celle-ci.* (V. Locré, p. 173, 229, 304 et 430.)

» Art. 37. La redevance proportionnelle sera imposée et perçue comme la contribution foncière. Les réclamations à fin de dégrèvement ou de rappel à l'égalité proportionnelle seront jugées par les conseils de préfecture. Le dégrèvement sera de droit, quand l'exploitant justifiera que sa redevance excède cinq pour cent du produit net de son exploitation.

» Art. 38. Le Gouvernement accordera, s'il y a lieu, pour les exploitations qu'il en jugera susceptibles, et par un article de l'acte de concession ou par un décret spécial délibéré en Conseil d'Etat pour les mines déjà concédées, la remise en tout ou partie du paiement de la redevance proportionnelle pour le temps qui sera jugé convenable, et ce comme encouragement, en raison de la difficulté des travaux ; semblable remise pourra aussi être accordée comme dédommagement, en cas d'accident de force majeure qui surviendrait pendant l'exploitation.

» Art. 39. Le produit de la redevance fixe et de la redevance proportionnelle formera un fonds spécial, dont il sera tenu un compte particulier au Trésor public, et qui sera appliqué aux dépenses de l'administration des mines, et à celles des recherches, ouvertures et mises en activité des mines nouvelles ou rétablissement de mines anciennes (1).

» Art. 40. Les anciennes redevances dues à l'Etat, soit en vertu de lois, ordonnances ou règlements, soit d'après les conditions énoncées en l'acte de concession, soit d'après les baux et adjudications au profit de la régie du domaine, cesseront d'avoir cours à compter du jour où les redevances nouvelles seront établies.

» Art. 41. Ne sont point comprises dans l'abrogation des anciennes redevances, celles dues à titre de rentes, droits et prestations quelconques, pour cession de fonds ou autres causes semblables, sans déroger toutefois à l'application des lois qui ont supprimé les droits féodaux.

(1) Le fonds spécial qui avait été créé par cet article n'existe plus depuis longtemps. La loi de finances du 23 septembre 1814, art. 20, a supprimé les fonds spéciaux et confondu les redevances dans les produits généraux de l'Etat.

» Art. 42. Le droit attribué par l'art. 6 de la présente loi aux propriétaires de la surface sera réglé à une somme déterminée par l'acte de concession.

. . . . . . . . . . . . . . . . . . . . . . .

» Art. 17. L'acte de concession, fait après l'accomplissement des formalités prescrites, purge, en faveur du concessionnaire, tous les droits des propriétaires de la surface et des inventeurs, ou de leurs ayants-droit, chacun dans leur ordre, après qu'ils ont été entendus ou appelés légalement, ainsi qu'il sera ci-après réglé.

» Art. 18. La valeur des droits résultant en faveur d'. propriétaire de la surface, en vertu de l'art. 6 de la présente loi, demeurera réunie à la valeur de ladite surface, et sera affectée avec elle aux hypothèques prises par les créanciers du propriétaire. »

## § 1. — Des redevances.

Les obligations des concessionnaires envers le Gouvernement dérivent des lois, décrets et règlements généraux sur les mines, ou de l'acte de concession lui-même, qui forme un véritable contrat synallagmatique. Les premières sont générales, tandis que les secondes sont spéciales et déterminées par le *cahier des charges* annexé à l'acte de concession. Parmi celles qui sont imposées à tous les exploitants se place en première ligne le droit de redevance.

Deux redevances annuelles sont dues à l'État d'après les articles 33 et 34. On a lieu d'être surpris au premier abord de l'établissement de cette double redevance, et on se demande pourquoi on a suivi en ce point le mode adopté pour la patente, lorsqu'on déclarait que l'exploitation des mines ne serait pas sujette à cet impôt. Les discussions de la loi fournissent à cet égard toutes les explications désirables (1). Les uns voulaient établir une redevance fixe, réglée d'après l'étendue de la concession. Ils voyaient là un moyen de restreindre cette étendue et d'obvier aux inconvénients pratiques que la suppression d'un maximum, par ordre de Napoléon, leur faisait redouter. Napoléon lui-même soutenait ce système par un autre motif. Il trouvait juste que l'exploitant fût soumis à une redevance, puisque tout propriétaire foncier est soumis à un impôt (2) ; mais il voulait qu'elle fût fixe, afin d'éviter toute immixtion des agents du Trésor dans les affaires particulières de l'exploitant. Les autres critiquaient la redevance fixe, comme étant inégale, trop lourde quand le terrain serait pauvre, trop faible quand le minerai serait abondant. Ils soutenaient que, pour être juste, la redevance devait être basée sur la quotité des produits. Après de longs débats, on est arrivé à concilier les deux opinions en les adoptant toutes deux : on a admis une redevance fixe et une redevance proportionnelle au produit de l'extraction.

### § 2. — De la redevance fixe.

La redevance fixe porte sur l'étendue de la concession ; elle a été fixée par la loi à 10 fr. par kilomètre carré, ou

---

(1) V. Locré, séances des 8 avril et 27 juin 1809, 3 et 13 février 1810.

(2) Dans la séance du Conseil d'État du 13 février 1810, Napoléon mit aux voix les trois questions suivantes :

Les mines sont-elles sujettes à l'impôt ?

Cet impôt sera-t-il au plus du vingtième du produit net ?

Les mineurs peuvent-ils faire un abonnement, pour n'avoir pas à rendre, chaque année, le compte du produit de leurs mines ?

Ces trois questions furent résolues affirmativement.

Voy. Locré, p. 431.

10 centimes par hectare. Elle frappe sur la mine considérée comme propriété : c'est une charge inhérente à la
concession et qui doit subsister pendant toute la durée de
celle-ci (1). L'assiette de la redevance fixe s'établit à l'aide
du tableau que chaque préfet doit faire dresser pour toutes
les mines concédées dans son département (2).

### § 3. — De la redevance proportionnelle.

La redevance proportionnelle, à la différence de la redevance fixe, est réglée chaque année par le budget de l'État (3).

La fixation du *produit net*, seul imposable d'après le
décret du 6 mai 1811 et les principes généraux en matière
d'impôt foncier comprend trois opérations : la *déclaration
des concessionnaires*, le *travail du comité de proposition*, et
le *travail du comité d'évaluation*. Le décret du 6 mai 1811
et une circulaire ministérielle du 12 avril 1849 indiquent
le mode d'établissement de la redevance proportionnelle
et les principes qui doivent être suivis pour l'évaluation
du revenu net. Il faut y joindre deux autres circulaires à
la date du 1er décembre 1850 et du 14 juin 1852.

L'évaluation du revenu net présente des difficultés pratiques nombreuses. Il peut arriver souvent que le chiffre
adopté par le comité d'évaluation soit très différent de celui
indiqué dans la déclaration de l'exploitant, même en la

---

(1) V. Instruction ministérielle du 29 décembre 1838.
(2) V. art. 1er et suiv., décret du 6 mai 1811, relatif aux redevances.
(3) Le taux de *cinq pour cent*, établi comme un maximum par la loi
de 1810, a été maintenu par toutes les lois de finances.

supposant sincère C'est là un inconvénient réel; car l'exploitant ne sait pas d'avance quelle charge il aura à supporter. Pour y remédier, la loi autorise un *abonnement* à la redevance proportionnelle, c'est-à-dire la convention entre l'exploitant et l'administration de payer chaque année la même somme. Les règles et conditions de cette faculté d'abonnement se trouvaient indiquées jusqu'ici par l'instruction ministérielle du 3 août 1810, le décret du 6 mai 1811, la circulaire du 12 avril 1849, le décret du 30 juin 1860, et la circulaire du 6 décembre de la même année.

Le décret du 30 juin (1) disposait qu'à partir de l'année 1861 les abonnements seraient réglés, pour les exploitants de mines qui le demanderaient, d'après le produit net moyen des deux années antérieures, et que le taux ainsi fixé serait maintenu pendant une durée de cinq ans. La pensée de ce décret, clairement exprimée par le rapport à l'Empereur qui le précédait, était de venir en aide à l'industrie des mines, en facilitant les abonnements à la redevance, en donnant à ces abonnements une base fixe et hors de contestation, celle du revenu net des deux années précédentes. Mais dans l'application, il a donné lieu à des difficultés diverses (2) qui en ont amené l'abrogation.

(1) Par application de ce décret, les redevances proportionnelles ont été réglées ainsi qu'il suit, le 13 juin 1866, pour les années 1865, 1866, 1867, 1868, 1869, pour quelques mines de houille du département du Nord :
Pour la concession d'Anzin, à 30,403 fr. 34 c , en principal par année.
— de V. Condé, 22,969 16 — —
— de Raismes, 20,181 23 — —
— de Denain , 11,654 57 — —
(2) En présence des termes du décret, plusieurs comités d'évaluation et avec eux la section du contentieux du Conseil d'État, avaient admis

Un nouveau décret, rendu le 27 juin 1866, stipule qu'à l'avenir l'abonnement sera calculé, non plus sur deux années, comme le portait le décret de 1860, mais sur les cinq années antérieures, et il ajoute que ce seront les cinq années pour lesquelles l'impôt aura pu être régulièrement établi, c'est-à-dire les années de redevance. Il décide, en outre, que des cinq années prises ainsi pour base de l'abonnement, on retranchera les années qui n'auront pas donné de produit, de sorte que ces années n'entreront pas dans le calcul de la redevance, et que, par suite, si aucune année n'a donné de revenu, il n'y aura pas lieu à abonnement.

Il est dit expressément à l'article 2 qu'il n'est pas dérogé au droit qui appartient à l'administration, en vertu soit de l'article 35 de la loi du 21 avril 1810, soit de l'article 33 du décret du 6 mai 1811, de rejeter les demandes d'abonnement, lorsqu'il résultera de l'instruction que l'exploitation a été dirigée en vue d'altérer la sincérité des bases de l'abonnement; mais afin de donner, dans ce cas, toute garantie aux intéressés, il est stipulé que le refus d'une soumission d'abonnement ne

que l'absence de revenu, la perte même sur l'une des deux années prises pour base du calcul de la redevance, ne devaient pas empêcher d'accorder l'abonnement de cinq ans.

Du 7 août 1863, *mines de l'Argentière.*

Du même jour, *mines de Sarthe et Mayenne.*

Du 28 août 1865, *forges de Châtillon et Commentry.*

Du 11 janvier 1866, *mine des Moquets.*

Cette jurisprudence pouvait devenir onéreuse pour le Trésor.

Il y avait eu aussi sous l'empire du décret de 1860 incertitude sur le point de savoir si les années à prendre pour base de l'abonnement étaient les années de redevance ou les années de produits.

pourra être prononcé que par une décision ministérielle rendue après avis du Conseil général des mines et des sections réunies des travaux publics et des finances du Conseil d'Etat.

Les concessionnaires peuvent, dans certains cas, demander le dégrèvement des redevances dues à l'Etat On distingue deux sortes de demandes en dégrèvement, celles en *décharge* ou *réduction,* et celles en *remise* ou *modération.* Les premières sont basées sur un droit et sont jugées par le Conseil de préfecture ; les secondes sont basées sur un simple intérêt et ne donnent lieu qu'à des décisions gracieuses. La procédure est la même qu'en matière de contributions directes.

Les concessionnaires peuvent être assujettis à payer, outre les redevances dues au Trésor, certaines subventions pour les chemins vicinaux ordinaires ou de grande communication (1).

(1) Loi du 21 mai 1836, art. 14.

## SECTION V.

### Des obligations des concessionnaires envers les particuliers (1).

§ 1. — De la redevance due aux propriétaires de la surface.

Nous avons dit (p. 62) que le droit du propriétaire de la surface sur le tréfonds se résolvait en une redevance au paiement de laquelle le titulaire de l'acte de concession était tenu envers lui. Les articles 6 et 42 qui s'occupent de cette redevance paraissent contradictoires. Celui-ci en fait une redevance fixe, celui-là une redevance proportionnelle.

La distinction présente un grand intérêt, car selon qu'on adopte l'une ou l'autre solution, la redevance est due au superficiaire dans le cas où l'extraction se fait sous son terrain, et dans ce cas seulement ; ou bien elle est due tant que dure l'exploitation, sans distinguer au dessous de

(1) Il résulte des observations de la Commission du Corps législatif du 17 mars 1810, que la suppression des articles 6, 18 et 42 fut proposée. La Commission pensait qu'il fallait supprimer ces articles à cause des inconvénients graves qui pouvaient en résulter. Elle disait qu'il n'était pas possible de subdiviser les mines comme la surface de la terre, qu'elles avaient reçu de la nature un gisement, des allures qui n'avaient aucun rapport avec la propriété du sol ; que la législation de tous les peuples et la nôtre donnaient aux mines le caractère de propriétés domaniales, qu'il était presque impossible de trouver des bases pour fixer la redevance et pour la répartir; qu'il était contradictoire enfin de reconnaître que la propriété de la surface s'étendait aux mines, et de disposer néanmoins de la mine, comme si elle faisait partie du domaine public.
Les articles furent maintenus.

quel terrain elle a lieu (1). Le rapport de M. Stanislas Girardin semble indiquer que c'est le système de la redevance
fixe qui a prévalu au Conseil d'État, car il présente l'article 42 comme expliquant l'article 6. Cependant l'administration, se basant sur l'existence simultanée des deux articles dans la loi, a toujours reconnu qu'il était loisible au
Gouvernement d'appliquer l'un ou l'autre.

Quelquefois les deux systèmes sont combinés, le concessionnaire paie au propriétaire une rente fixe annuelle et
lui donne en outre une certaine fraction du produit brut.

Mais peu importe la forme de la redevance, c'est au
Gouvernement seul qu'il appartient, dans tous les cas, de la
fixer (2). Cette solution est conforme au texte aussi bien
qu'à l'esprit de la loi de 1810.

On s'est demandé à quel titre le propriétaire du sol re-
cevait une redevance. Les auteurs se sont divisés sur cette
question importante comme sur la question même du
principe de la propriété des mines. Proudhon, le célèbre
doyen de notre Faculté, déclare « que la redevance re-

---

(1) La troisième rédaction du projet de loi sur les mines contenait un article 40 ainsi conçu : « Il (le droit attribué par l'article 6) ue sera payé
qu'au propriétaire sous le terrain duquel se fera une exploitation produi-
sant du minéral, et pendant la durée de l'extraction. » Cet article n'a pas
été reproduit dans la rédaction définitive, parce qu'on l'a regardé comme
inutile.

(2) Ordonnance du 13 janvier 1842, portant concession des mines de
houille de La Péronnière (Loire). *Annales des Mines*, 4me série, t. I, p. 797.
— Ordonnance du 1er juin 1843. *Annales des Mines*, 4me série t. III, p. 933.
— Ordonnance du 14 janvier 1846. Lebon, 1846, p. 49. — Décision du
tribunal des conflits du 5 novembre 1851. Lebon et Gauté, 1851, p. 649.

présente le prix du dessous, parce que le corps de la mine
avant l'acte de concession étant la propriété du maître du
fonds qui la recèle, il s'en trouve réellement exproprié
quand elle est concédée à un autre (1). » Nous ne pouvons
nous ranger à cette opinion opposée au système que nous
avons adopté sur le principe de la propriété minérale, et
nous sommes conduit à dire que la redevance payée au
propriétaire de la surface est une indemnité due à ce propriétaire pour les dépréciations de diverses espèces qu'entraîne le plus souvent la création d'une propriété nouvelle au-dessous de la surface.

### § 2. — Des indemnités dues aux inventeurs et explorateurs.

Les redevances à l'Etat et au propriétaire de la surface
ne sont pas les seules obligations pécuniaires imposées à
celui qui obtient une concession de mine. La loi de 1810,
partant de cette idée qu'il faut laisser au Gouvernement
toute liberté pour attribuer la concession à celui qui présentera les meilleures garanties d'exploitation, a décidé que
l'inventeur aurait droit à une indemnité fixée par l'acte
de concession, lorsqu'il n'obtiendrait pas lui-même la
concession (2). Cette indemnité étant destinée à récompen-
ser l'inventeur du service qu'il a rendu à la société et à le
dédommager en partie du bénéfice que la concession eût
pu lui procurer, le chiffre en varie considérablement (3).
Lorsque l'indemnité a été fixée par l'acte de concession,
toute contestation relative à son acquittement est de la

(1) Proudhon, *Domaine privé*, n° 776.
(2) Voy. art. 16, *in fine* de la loi de 1810.
(3) Voy Ordonnance du 25 août 1825, art. 4.

compétence des tribunaux ordinaires, puisque c'est une question d'application du titre.

L'article 46 (1) s'applique à une autre indemnité due par le concessionnaire à l'inventeur.

Les travaux qui ont conduit à la découverte du gîte ou qui ont été nécessités par l'étude de ses allures peuvent être utiles à l'exploitation. Il n'est pas juste que le concessionnaire profite des déboursés de l'inventeur, mais comme il importe de concilier les encouragements dus aux inventeurs avec la protection à accorder à l'industrie des mines, le tribunal administratif appréciera. Le principe d'équité qui domine la matière conduit à indemniser l'explorateur malheureux, tout aussi bien que l'inventeur. Les règles à suivre pour apprécier cette indemnité ont été tracées par une ordonnance du 13 septembre 1820, et par un avis du Conseil général des mines (2).

« La concession d'une mine, dit l'article 17, purge en faveur du concessionnaire tous les droits des propriétaires de la surface et des inventeurs ou de leurs ayants-droits. » Nous avons dit comment les anciens droits des propriétaires de la surface étaient représentés à leur profit par une redevance tréfoncière, au paiement de laquelle le concessionnaire de la mine était assujetti envers eux. Leurs droits et ceux des inventeurs sont purgés *chacun dans son*

---

(1) *loi du 21 avril 1810.* — « Art. 46. Toutes les questions d'indemnité à payer par les propriétaires de mines, à raison de recherches ou travaux antérieurs à l'acte de concession, seront décidées conformément à l'article 4 de la loi du 28 pluviôse an VIII. »

(2) *Annales des Mines,* t. XIII, p. 728.

*ordre.* La loi a voulu dire par là que les propriétaires de la surface, et par suite leurs créanciers doivent primer l'inventeur et les créanciers de celui-ci dont le droit ne constitue qu'une créance ordinaire. Les premiers seuls peuvent être colloqués sur le gage résultant pour eux de la redevance tréfoncière immobilisée, tandis que les créanciers venant sur l'indemnité due à l'inventeur, valeur non immobilière, ne peuvent être colloqués que par voie de distribution par contribution.

Si la concession de la mine avait été faite au propriétaire de la surface, les créanciers pourvus d'hypothèques générales verraient leurs sûretés s'agrandir par le fait de la concession. Cette solution n'a rien de contraire au principe de la loi des mines sur la séparation opérée par la concession entre la propriété du dessus et celle du dessous.

La redevance tréfoncière que le concessionnaire doit payer au propriétaire de la surface peut être réunie à la surface ou sortir du patrimoine du propriétaire foncier par l'effet d'un acte juridique. Lorsque cette redevance est réunie à la valeur de la surface, elle participe entre les mains du propriétaire foncier de la nature du sol lui-même ; en conséquence, si le sol est affecté hypothécairement, la redevance tréfoncière est également affectée avec lui. Il y a immobilisation fictive de cette redevance, et elle ne peut être hypothéquée ni saisie immobilièrement que conjointement et comme formant un tout indivis avec la surface. Mais si elle vient à être séparée du fonds par suite de l'acquisition qu'en a faite un tiers étranger, le principe que cette redevance est mobilière de sa nature reprend toute sa force, et la vente séparée qui en a été faite forme obstacle à l'exercice d'un droit de suite de la part des créanciers hypothécaires de la surface.

*Dispositions transitoires.*

Le titre VI de la loi de 1810 s'occupe des concessions ou jouissances des mines antérieures à la promulgation de cette loi. Il était nécessaire de régulariser leur situation, en respectant les droits acquis, et c'est dans ce but que le législateur a divisé les anciens exploitants en deux classes : 1° ceux qui jouissaient en vertu d'un titre conforme à la loi de 1791 ou régularisé d'après ses prescriptions; 2° ceux qui ne s'étant pas conformés à cette loi ne jouissaient qu'en vertu d'un titre irrégulier ou même sans aucun titre. Il n'y avait pas à s'occuper de ceux qui avaient obtenu des concessions de 1806 à 1809, attendu que tous les décrets de concession rendus dans cet intervalle soumettaient les titulaires à l'exécution des lois et règlements à intervenir en matière de mines.

Les articles 51 et 52 s'occupent *des anciennes concessions en général,* les articles 53 et suivants *des exploitations pour lesquelles on n'a pas exécuté la loi de 1791.*

Les concessionnaires munis d'un titre régulier ou régularisé sont déclarés propriétaires incommutables du jour

de la promulgation de la loi sans aucune formalité, à charge
seulement de payer, à compter de l'année 1811, les redevances à l'État, et d'exécuter, s'il y en a, les conventions
faites avec les propriétaires de la surface, sans que ceux-ci
puissent se prévaloir des articles 6 et 42 relatifs à la redevance. On a transformé le droit temporaire et révocable
de l'exploitant en un droit de propriété; il était naturel,
en lui accordant cette faveur, de le soumettre aux redevances qui représentent l'impôt foncier; d'un autre côté,
comme on maintenait pour éviter la rétroactivité les conventions du concessionnaire avec les propriétaires de la
surface, il ne fallait point l'assujettir à leur payer une redevance.

L'article 51 ayant pour but d'imprimer le caractère de
la propriété aux mines ouvertes et exploitées à titre légi-
time, n'est applicable qu'aux concessions de mines résultant d'un acte régulier de l'ancienne monarchie. En par-
courant les ordonnances, on voit que les actes de l'autorité
des contrôleurs généraux des finances et des grands maîtres surintendants des mines, qui ont accordé des exploitations, sont qualifiés indistinctement d'*octrois, privilèges,
arrêts, lettres patentes, concessions, permissions.* Depuis
1698 jusqu'à 1744, tous les propriétaires ont été autorisés à ouvrir des mines de charbon dans leurs terrains, ou
à en permettre à d'autres l'ouverture et l'exploitation. La
loi du 28 juillet 1791 a respecté les exploitations légitime-
ment établies d'après les lois ou les actes de l'administration publique; et voulant les maintenir toutes, elle s'est
servie des expressions générales de *concessions ou concessionnaires.* C'est dans le même sens et dans les mêmes

vues générales que ce dernier mot a été employé dans notre article 51 (1).

Les propriétaires d'exploitations pour lesquelles on n'avait pas exécuté la loi de 1791, jouissaient, les uns en vertu d'une concession antérieure à cette loi et non régularisée, d'autres en vertu d'une concession postérieure à cette loi, mais irrégulière, d'autres enfin n'avaient qu'une simple jouissance de fait sans aucun titre. Le législateur leur a permis d'obtenir la concession de leurs exploitations, à charge d'en faire fixer les limites, de payer les deux redevances à l'Etat et d'exécuter les conventions faites avec les propriétaires de la surface.

« La dernière partie de l'article 53, disait M. le comte Stanislas Girardin dans son rapport, donne une nouvelle garantie que les articles 6 et 42 de la loi, ne seront appliqués qu'aux concessions nouvelles. L'on ne pouvait y astreindre les anciens concessionnaires sans donner à la loi un effet rétroactif; mais ils auraient pu, sans injustice, y être assujettis à l'expiration de la durée de leurs concessions ; ils accueilleront donc avec reconnaissance les dispositions d'une loi libérale, qui, de fermiers qu'ils étaient, les rend désormais propriétaires, et qui a voulu même les soustraire aux contestations, dont la difficulté de fixer les sommes à payer aux propriétaires de la surface eût été l'inépuisable source. Mais s'il existait entre eux et les propriétaires des conventions, loin d'être abolies, elles sont,

(1) Voy. Ordonnance du 21 novembre 1830. *Annales des Mines*, 2ᵐᵉ série, t. VIII, p. 306. — Ordonnance du 12 février 1832, *Annales des Mines*, 3ᵐᵉ série, t. II, p. 578.

au contraire, positivement maintenues. L'on a été généreux envers les concessionnaires et juste envers les propriétaires. Ils n'auront point à se plaindre, puisque leur condition restera la même ; et si celle des exploitants est améliorée, elle ne l'est que pour l'intérêt de tous ; et comme membres de la société, ils en retireront aussi un avantage.

» En procédant à la reconnaissance des limites, on rencontrera sans doute des difficultés. Si c'est entre les exploitants, elles seront jugées par les tribunaux ordinaires. Si l'exploitant réclamait des limites contestées par l'administration, ce sera alors le Gouvernement qui prononcera d'après l'acte de concession. »

# CHAPITRE VII.

## De la propriété des minières et de l'établissement des forges, fourneaux et usines.

9-17 mai 1866. — Loi *qui :* 1° *abroge les dispositions de la loi du 21 avril 1810, relatives à l'établissement des forges, fourneaux et usines, et aux droits établis à leur profit sur les minières du voisinage ;* 2° *modifie les articles 57 et 58 de la même loi, relatifs à l'exploitation des minières.*

Art. 1. Sont abrogés les art. 73 à 78 de la loi du 21 avril 1810, ayant pour objet de soumettre à l'obtention d'une permission préalable l'établissement des fourneaux, forges et usines.

Art. 2. Sont également abrogés les art. 59 à 67, 79 et 80 de la même loi, ainsi que l'art. 70, dans celle de ses dispositions qui, dans les cas de concession prévus par cet article, oblige le concessionnaire à fournir à certaines usines la quantité de minerai nécessaire à leur exploitation.

Néanmoins, les dispositions desdits articles continueront à être applicables, jusqu'au 1er janvier 1876, aux usines établies, avec permission antérieurement à la promulgation de la présente loi.

Art. 3. Les art. 57 et 58 de la même loi sont modifiés ainsi qu'il suit :

« Art. 57. Si l'exploitation des minières doit avoir lieu à ciel ouvert, le propriétaire est tenu, avant de commencer à exploiter, d'en faire la déclaration au préfet. Le préfet donne acte de cette déclaration, et l'exploitation a lieu sans autre formalité.

Cette disposition s'applique aux minerais de fer en

couches et filons, dans le cas où, conformément à l'art. 69, ils ne sont pas concessibles.

Si l'exploitation doit être souterraine, elle ne peut avoir lieu qu'avec une permission du préfet. La permission détermine les conditions spéciales auxquelles l'exploitant est tenu, en ce cas, de se conformer.

» Art. 58. Dans les deux cas prévus par l'article précédent, l'exploitant doit observer les règlements généraux ou locaux concernant la sûreté et la salubrité publiques auxquels est assujettie l'exploitation des minières.

Les art. 93 à 96 de la présente loi, sont applicables aux contraventions commises par les exploitants de minières, aux dispositions de l'article 57 et aux règlements généraux et locaux dont il est parlé dans le présent article (1). »

## SECTION I.

### Des établissements métallurgiques.

#### § 1. — Précédents historiques.

L'industrie du fer a de tout temps été l'objet de la sollicitude du Gouvernement. Dès 1626, des fers de mauvaise qualité livrés dans le commerce avaient nécessité l'intervention du législateur, qui créa des experts et contrôleurs pour faire connaître et marquer le fer doux, afin de le dis-

(1) A consulter sur cette loi :

L'*Exposé de motifs*, rédigé par M. Cornudet (annales du Sénat et du Corps législatif, 1864, annexe n° 200, t. I, p. 298, col. 1 et 2).

Le brillant *Rapport* fait au nom de la Commission, par M. Edouard Dalloz, député au Corps législatif. (Dalloz, jurisprudence générale, 4° partie, p. 42 et suiv.)

La discussion et l'adoption, le 6 avril 1866, à la majorité de 196 voix contre 4 (*Moniteur* du 7 avril).

tinguer du fer aigre ou cassant. Cet édit de 1626 réduisit le droit du dixième à payer au fisc comme produit des mines, en un droit appelé *droit de marque sur le fer*, droit qui subsista jusqu'à la révolution de 1789.

En 1680, nous voyons une autre ordonnance dont l'art. 9 est ainsi conçu :

« Ceux qui ont des mines de fer dans leurs fonds, seront tenus, à la première sommation qui leur sera faite par les propriétaires des fourneaux voisins, d'y établir des fourneaux pour convertir la matière en fer, sinon, permettons au propriétaire du plus proche fourneau, et à son refus, aux autres propriétaires de proche en proche, et à ceux qui les font valoir, de faire ouvrir la terre et d'y tirer la mine de fer, en payant aux propriétaires du fonds, pour tout dédommagement, un sol par chacun tonneau de 500 pesant. »

Un arrêt du conseil, en 1786, jugeant cette redevance insuffisante, la porta à deux sous six deniers, pour la même quantité de minerai.

Le projet de loi présenté le 20 mars 1791 à l'Assemblée constituante, par Regnault d'Epercy, était divisé en deux sections et comprenait soixante-dix articles. Le titre deuxième traitait des mines de fer d'alluvion, en trente articles.

On peut dire qu'il y a aussi dans la loi de 1810 deux parties bien distinctes : celle qui est relative aux mines et celle qui est relative aux minières et aux usines métallurgiques.

‹Depuis longtemps, cette seconde partie de la loi appelait des modifications reconnues nécessaires. Les propriétaires de minières, les usiniers, l'administration des mines en sollicitaient la réforme, et le Conseil d'Etat, saisi de réclamations incessantes, avait émis l'opinion que cette partie de la loi devait être révisée.

Le Gouvernement de Napoléon III, désireux de faire disparaître les règlements restrictifs qui gênent les grandes exploitations et les entraves intérieures qui placent notre industrie dans des conditions d'infériorité, ne pouvait manquer de la proposer.

« Notre système de centralisation, écrivait à la date du
» 24 juin 1863 S. M. l'Empereur à S. Exc. M. Rouher alors
» Ministre présidant le Conseil d'Etat, malgré ses avantages,
» a eu le grave inconvénient d'amener un excès de régle-
» mentation. Nous avons déjà cherché, vous le savez, à y
» remédier; néanmoins il reste encore beaucoup à faire...
» Dans cette matière, où le bien public et l'intérêt privé se
» touchent par tant de points, le difficile est de faire à
» chacun sa place, en accordant au premier toute la pro-
» tection, au second toute la liberté désirable. Cette œuvre
» nécessite la révision d'un grand nombre de lois, de dé-
» crets, d'ordonnances, d'instructions ministérielles, et
» l'on ne peut en préparer les éléments qu'en examinant
» avec attention chacun des détails de notre système ad-
» ministratif, pour en retrancher ceux qui seraient su-
» perflus. Les diverses sections du Conseil d'Etat m'ont
» paru les plus propres à cet examen... »

## § 2. — But de la loi de 1866.

La loi de 1866 a été, pour la question spéciale qui nous occupe, la conséquence naturelle du système adopté par le chef de l'Etat. Elle a eu surtout pour but, en effet, de supprimer une réglementation exagérée qui n'avait plus de raison d'être, et de faire disparaître, avec les ménagements que comportait la situation, des servitudes qui constituaient un régime d'exception et étaient une atteinte permanente aux droits de la propriété.

Pour bien comprendre la loi nouvelle, il faut se reporter aux idées de protection qui dominaient au commencement du siècle, dans toutes les industries, et particulièrement dans l'industrie métallurgique. Cette industrie était considérée, en 1810, comme une industrie à l'état d'enfance, ayant besoin comme telle d'être protégée, encouragée et dirigée (1).

« La tutelle de l'administration, nous dit l'Exposé de motifs de la loi de 1810, embrasse les chances de succès de l'industrie métallurgique, les ressources de combustible et

(1) On voit dans la discussion la crainte qu'avait l'administration de manquer de fer. Ainsi, dans la séance du 8 avril 1809 (Locré, p. 164) :

*Napoléon* demande si l'exploitation du minerai peut se faire sans concession. '

*M. le ministre de l'intérieur* répond qu'une simple permission suffit.

*M. le comte Defermon* demande pourquoi cette permission est exigée pour le minerai, lorsqu'elle ne l'est pas pour l'exploitation des carrières ?

*M. le comte Regnault de Saint-Jean-d'Angely* dit que l'article 73 répond à la question de M. Defermon : il ne s'agit, en effet, que *d'apprendre à l'administration où elle pourra trouver du fer quand elle en aura besoin.*

de minerai qui lui sont nécessaires, la valeur de ceux qui l'exercent et la concurrence même qui peut exister entre les différents établissements qui s'y livrent. »

« Le projet, lisons-nous d'autre part dans le rapport de M. le comte Stanislas de Girardin, assujettit le Gouvernement qui accordera une concession *de mine de fer* à régler, par l'acte de concession ou par le cahier des charges, la quantité de minerai que le concessionnaire devra fournir aux usines destinées à le traiter, *et le prix qu'il pourra en exiger* (art. 70). »

C'était, comme on voit, l'initiative du Gouvernement substituée en tout à l'initiative individuelle.

La loi de 1866 a changé cet état de choses. D'abord elle abroge les articles 73 à 80 dont se composaient les sections 4 et 5 du titre VII de la loi du 21 avril 1810, l'une portant pour rubrique : *Des permissions pour l'établissement des fourneaux, forges et usines*, l'autre se référant aux *dispositions générales sur les permissions*. Elle abroge aussi les articles 59 à 67, et le § I de l'art. 70, section 2 du titre VII de la loi de 1810, laquelle section a pour titre : *de la propriété et de l'exploitation des minerais de fer d'alluvion*, et elle modifie les art. 57 et 58 de la même loi de 1810. Enfin, comme transition au régime de liberté dont elle s'inspire, la loi de 1866 dans son art. 2, § 2, maintient *pendant dix ans*, à partir de sa promulgation, le bénéfice des dispositions précédemment en vigueur aux usines établies *avec permission*, conformément à la législation précédente.

Nous nous proposons d'expliquer ici ces diverses dispositions.

### § 3. — Usines métallurgiques.

La loi du 21 avril 1810 avait réglementé non seulement
ce qui concernait les exploitations minérales de toute nature, mais encore les usines métallurgiques de divers
ordres; elle portait, article 73 : « *Les fourneaux à fondre*
*les minerais de fer et autres substances métalliques, les*
*forges et les martinets* (1) *pour ouvrer le fer et le cuivre, les*
*usines servant de patouillets* (2) *et de bocards* (3), *celles*
*pour le traitement des substances salines et pyriteuses dans*
*lesquelles on consomme des combustibles, ne pourront être*
*établis que sur une permission accordée par un règlement*
*d'administration publique.* »

Ainsi, aux termes de cet article, aucune des usines qu'il
comprend ne pouvait s'établir sans une permission conférée par un décret rendu en Conseil d'Etat.

En vertu de l'art. 74, les formalités qui devaient nécessairement précéder l'émission du décret étaient, à très
peu près, les mêmes que celles auxquelles sont soumises les
demandes en concession de mines, c'est-à-dire des publications et affiches de quatre mois dans le chef-lieu du département, dans celui de l'arrondissement, dans la com-

---

(1) *Martinet :* Enorme marteau dont on fait usage dans la fabrication des
métaux pour les étirer et leur faire prendre différentes formes, en les
dégageant de leurs scories au moyen de la percussion.

(2) *Patouillet :* Bassin dont on se sert pour opérer le débourbage du
minéral.

(3) *Bocard :* Machine avec laquelle on écrase le minerai avant de le
mettre au feu pour le fondre, avec laquelle on débarrasse les minerais
de ce qu'ils contiennent de gangue.

mune où devait être situé l'établissement projeté et dans
le lieu du domicile du demandeur. A l'expiration de ce
délai de quatre mois, le préfet donnait son avis, tant sur
la demande en elle-même que sur les oppositions et demandes en préférence survenues ; l'administration des
mines donnait le sien sur la quotité de minerai à traiter,
l'administration des forêts sur le bois à consommer dans
l'usine, et enfin l'administration des ponts et chaussées en
ce qui concerne les cours d'eau.

Le Gouvernement a pensé que la suppression de ces dispositions réglementaires nées d'un besoin de tutelle que
justifiait la faiblesse de l'industrie métallurgique à ses
débuts ne pouvait présenter aujourd'hui aucun inconvénient sérieux. L'abrogation des articles 73 à 78 de la loi
de 1810 a été la conséquence de ce nouveau système.

« La permission, en matière d'usines, disait le rapporteur, se comprenait quand des notions incomplètes sur la
*possibilité* du sol français en matière de minerais, de combustibles, pouvaient donner à craindre qu'un désastre
privé ne portât atteinte grave aux nécessités d'une consommation imparfaitement assurée ; mais, aujourd'hui,
l'administration elle-même proclame qu'en fait, et depuis
nombre d'années elle ne se préoccupe plus, dans les autorisations à accorder, de la situation qui peut être faite
aux usiniers par la multiplicité de ces autorisations, non
plus que du nombre d'usines concurrentes dont la fabrication s'alimente à la même minière. La découverte de gîtes
nombreux de minerais, l'emploi généralisé du combustible
minéral, les améliorations considérables apportées dans
les transports au point de vue du prix, de la rapidité et de

la certitude des arrivages sont autant de raisons qui, aux yeux de l'administration, témoin journalier de ce mouvement économique, ont dû être décisives et lui faire considérer comme une embarrassante superfétation cette triple instruction obligatoirement demandée aux forêts, aux mines, aux ponts et chaussées. »

Aujourd'hui donc aucune permission n'est plus nécessaire pour l'établissement des usines métallurgiques, mais ces usines ne sont, par l'effet de l'abrogation des articles 73 à 78 de la loi du 21 avril 1810, dispensées de l'autorisation préalable de l'administration que comme établissements métallurgiques. Elles demeurent, en cas d'établissement sur un cours d'eau, dans le rayon des douanes, à proximité des forêts ou des lieux habités, etc., soumises aux dispositions de police qui régissent ces situations particulières, notamment à celles qui régissent les établissements dangereux ou insalubres.

Ainsi, lorsqu'une usine sera classée parmi les établissements insalubres ou incommodes, l'usinier devra remplir les formalités qui régissent ces établissements; jusqu'ici ces formalités s'accomplissaient en même temps que celles qui concernaient la métallurgie proprement dite, et lorsque des oppositions étaient formulées au point de vue de l'insalubrité ou de l'incommodité de l'usine, l'autorité supérieure ne prononçait qu'après que le conseil de préfecture avait été appelé à donner son avis, conformément au décret du 15 octobre 1810. Désormais l'instruction administrative, sous le rapport de l'insalubrité ou de l'incommodité, devra so faire seule, mais il devra toujours y être procédé (1). C'est aux préfets, aux termes des décrets de décentralisation, qu'il appartient de statuer sur les demandes en autorisation d'établissements insalubres ou incommodes, et ils peuvent par là même statuer directement sur toutes les demandes d'établissement d'usines métallurgiques, sauf les recours de droit.

En résumé, toute liberté est laissée désormais aux maîtres de forges pour établir des usines à fer là où ils le jugeront utile à leurs intérêts, mais, en présence de cette liberté, on a cru devoir apporter d'autres modifications à la loi de 1810.

### SECTION II.

#### Des Minières.

##### § 1. — De l'exploitation des Minières.

En vertu des articles 59 à 67 de cette loi, les propriétaires des fonds contenant des minières de fer étaient tenus de les exploiter de manière à satisfaire autant que possible aux usines établies dans le voisinage avec autorisation

---

(1) V. pour la marche à suivre à cet égard une circulaire du ministre des travaux publics en date du 19 juin 1845, et le tableau y annexé. Ce tableau indique dans quelle classe des établissements insalubres, incommodes ou dangereux rentre chacune des usines régies jusqu'ici par la loi de 1810. — V. aussi dans le *Bulletin des lois* de 1807, n° 1459, un décret du 31 décembre 1866 sur les établissements dangereux, insalubres ou incommodes, et le tableau annexé; ainsi que le Rapport à l'Empereur, dans le *Moniteur* du 18 janvier 1807.

légale, et, si après une mise en demeure, régulière ces
propriétaires ne déclaraient pas qu'ils entendaient exploiter,
ou si, après en avoir fait la déclaration, ils n'exploitaient
pas effectivement et en quantité suffisante, les maîtres de
forges pouvaient, après en avoir obtenu la permission du
préfet, exploiter en leur lieu et place. Ces dispositions de
la loi opéraient une véritable dépossession contre le propriétaire de minières au profit de l'industrie des forges.
C'était la conséquence logique du système adopté à une
époque où le Gouvernement croyait devoir se reconnaître
débiteur, vis-à-vis de l'usine qu'il avait autorisée, de tout
ce qui pouvait assurer sa marche.

Il y avait, il est vrai, dans l'examen minutieux des conditions de la demande, de la personnalité des demandeurs,
etc., des garanties de nature à rassurer les propriétaires de
minières contre les abus que les maîtres de forges auraient
été tentés de faire de la faculté à eux conférée par la loi
de 1810; mais une fois qu'au régime des permissions on
substituait la liberté pour tout le monde d'établir partout
et sans condition des usines à fer, il n'y avait plus de raison de maintenir les priviléges exceptionnels sur la propriété d'autrui accordés à ceux qui se livraient à la prépa-
ration de ce précieux métal; c'est pourquoi la loi de 1866
a abrogé les articles 50 à 67 de la loi de 1810. Par
des raisons semblables, elle a aussi abrogé l'article 79
qui autorisait les permissionnaires d'usines à faire des
fouilles hors de leurs propriétés pour y trouver des minerais et à exploiter ceux qu'ils auraient découverts.

L'abrogation de l'article 67 qui, prévoyant le cas où les

minerais se trouveraient dans les forêts impériales, dans celles des établissements publics ou des communes exigeait pour l'exploitant la permission de l'administration forestière, ne supprime pas la nécessité de cette permission. Il laisse subsister en effet les prescriptions de l'article 144 du code forestier : « Toute extraction ou enlèvement *non autorisé* de pierres, sable, minerai,..... donnera lieu à des amendes qui seront fixées ainsi qu'il suit..... » et ces prescriptions sont applicables à tous les bois et forêts en général. *L'autorisation* d'enlever du minerai dans les forêts impériales, dans celles des établissements publics ou des communes devra toujours être demandée aux termes de cet article 144, et cette autorisation obligatoire suffira pour que l'administration y insère les réserves commandées par la bonne gestion de la propriété forestière confiée à sa surveillance.

L'abrogation de l'art. 80 qui autorisait les permissionnaires à établir, sous certaines conditions, des patouillets, lavoirs et chemins de charroi sur les terrains qui ne leur appartenaient pas, a donné lieu à plus de difficultés.

On s'est demandé s'il n'y avait pas de sérieux inconvénients à supprimer les facilités que cet article donnait aux exploitants d'usines métallurgiques, pour développer leur fabrication et pour améliorer les conditions de leurs transports. On s'est demandé s'il convenait de faire disparaître cette servitude créée en vue de l'intérêt public. Les avis ont d'abord été partagés au sein de la Commission du Corps législatif, mais on a fini par reconnaître qu'il s'a-

gissait dans l'art. 80 d'un droit de servitude qui était le co-
rollaire de la permission exigée jusqu'à présent pour tout
établissement d'usine, qu'avec le régime de la liberté la
servitude devait disparaître.

C'est au nouvel arrivant à prévoir désormais les besoins de son usine et la facilité des transports. Les droits
des propriétaires de la surface doivent être complètement respectés. Il ne serait pas juste, en effet, que la propriété du voisin eût à souffrir de démembrements, servitudes ou droits de passage, qui profiteraient à l'usinier
alors surtout que ce dernier averti par la législation nouvelle a dû calculer toutes les chances de succès de son
entreprise et les nécessités qu'elle comporte.

Lors de la discussion, M. Fabre a demandé non seulement le maintien, mais l'extension de cet article 80. D'après
la jurisprudence constante du Conseil d'Etat, cet article
n'était pas applicable aux voies ferrées qu'un usinier aurait voulu établir de son usine à tel ou tel point donné,
mais uniquement à la réquisition d'un droit de passage
analogue à celui qu'établit l'article 682 du Code Napoléon. M. Fabre, se fondant sur les besoins de l'industrie
métallurgique, sollicitait pour les concessionnaires de
mines comme pour les maîtres de forges la faculté de se
relier, soit avec les canaux, soit avec les chemins de fer
par de petites voies ferrées, sans passer par toutes les formalités imposées par la loi.

Cette proposition a été repoussée par M. le baron de
Beauverger, membre de la Commission :

« ..... Dans l'article 682, dont parlait M. Fabre, a répondu M. de Beauverger, il y a une exception au droit de propriété, c'est-à-dire une servitude, et cette servitude est fondée sur une nécessité absolue. Lorsqu'il y a un fonds enclavé, il faut que le propriétaire de ce fonds puisse y entrer, puisse en sortir. C'est ce qui a donné naissance à l'article 682, lequel porte que le propriétaire du fonds aura le droit de passage sur le fonds voisin, moyennant indemnité, par la voie la plus courte, et, dans tous les cas, la moins dommageable.

» Ici, il ne s'agit de rien de semblable. Un usinier a créé sur son fonds un établissement, — et remarquez, messieurs, que dans l'état de choses qui résultera du projet de loi, un usinier c'est la première personne venue, puisqu'il n'y a plus besoin d'autorisation, — un usinier, dis-je, demande au propriétaire voisin la permission de passer sur son fonds, de lui laisser établir un chemin de fer. Je répondrai : Très bien, si les deux propriétaires s'entendent; mais absolument non, si le propriétaire voisin refuse, parce qu'il n'y a pas là une nécessité.

» ..... La disposition dont on a parlé, disposition si modeste et si indifférente en apparence serait une violation du principe de la propriété ; ce serait de la féodalité, féodalité industrielle, si vous voulez, mais je n'aimerais pas plus et peut-être un peu moins celle-là qu'une autre.....»

La loi nouvelle abroge enfin l'article 70 (1), dans celle de ses dispositions qui, en cas de concession d'un terrain

---

(1) Loi du 21 avril 1810.—Art. 70. En cas de concession, le concessionnaire sera tenu toujours : 1° De fournir aux usines qui s'approvisionnaient de minerai sur les lieux compris en la concession, la quantité nécessaire

précédemment exploité comme minière, obligeait le concessionnaire à fournir aux usines qui s'approvisionnaient sur
les lieux compris en la concession, la quantité de minerai
nécessaire à leur roulement.

Le deuxième paragraphe de cet article 70 est conservé:
il suit de là que le tiers concessionnaire sera toujours
tenu d'indemniser, *dans la proportion du revenu qu'il tirait
de son minerai d'alluvion,* le propriétaire de cette minière
que les nécessités de la continuation de l'exploitation ont
faite *concessible.*

Au moment de la concession de minerais *de superficie,
d'alluvion,* il y a un droit acquis aux propriétaires de la
surface. On leur ravit ce droit par le fait de la concession
qui transforme la minière en mine. Il est donc juste d'indemniser le propriétaire du sol lorsque la *minière,* devenant
*mine,* passe de ses mains dans celles d'un concessionnaire; il est juste de l'indemniser « dans la proportion du
revenu » qu'il tirait de l'exploitation de la minière qui
avait lieu à son profit à la superficie. « C'est là, comme le
fait remarquer un auteur (1), une indemnité *exceptionnelle,*
toute différente de celle réglée pour la concession de toute
autre mine par les articles 6 et 42, indemnité qu'expliquent
les cas spéciaux de concession de minerais d'alluvion, cas
qui ne doivent avoir lieu que, comme exceptions, dans les

à leur exploitation, au prix qui sera porté au cahier des charges ou qui
sera fixé par l'administration; — 2° d'indemniser les propriétaires au
profit desquels l'exploitation avait lieu, dans la proportion du revenu qu'ils
en tiraient.

(1) M. Brixhe, quelques mots sur la législation des minerais de fer,
p. 26.

seules circonstances mentionnées à l'art. 69 », alors que
l'intérêt privé doit fléchir devant l'intérêt public.

Dans la concession immédiate, au contraire, de mines de
fer en filons ou en roches, qu'on ira chercher le plus souvent à de grandes profondeurs au moyen de puits, on ne
prend, on n'enlève rien au propriétaire de la surface qui
n'aurait pu être astreint à la servitude de fournir aux usines
du voisinage. Dès lors, ses droits vis-à-vis du concessionnaire, au moment de la concession d'une mine qui n'a jamais été exploitée comme minière, se règlent purement et
simplement, conformément aux articles 6 et 42 de la loi
de 1810.

### § 2. — Dispositions transitoires.

Pour obvier aux inconvénients qui auraient pu résulter
pour les anciennes usines de la mise en vigueur trop promp-
te de la loi de 1866, le législateur a songé à laisser à ces
usines des délais suffisants pour s'assurer dans l'avenir de
leurs approvisionnements. Dans ce but, il a décidé que
les dispositions abrogées continueraient d'être applicables
pendant dix années encore aux usines établies avec permission avant la promulgation de la loi nouvelle.

Un amendement avait été formulé sur ce point par un
membre de la commission du Corps législatif. Cet amendement qui, dans la pensée de son auteur, devait trouver
place après le § 2 de l'article 2 de la loi, laissait aux anciens
usiniers, vis-à-vis du Gouvernement, un recours pendant
vingt années encore *après les dix ans* que la loi nouvelle

leur accorde déjà, lorsque, par suite d'entente entre les
propriétaires de minerais, de mauvaise volonté de leur part,
d'accaparement ou d'abus sérieux, l'approvisionnement des
usines se trouverait compromis. Le délai proposé a paru
excessif, on a craint qu'il n'eût pour résultat d'endormir les
industriels sur leur intérêt à s'assurer désormais leur approvisionnement, et l'amendement proposé a été rejeté.

### § 3. — Propriété des Minières et des Mines de fer.

Nous savons la différence faite par la loi entre les mines
et les minières, et nous avons dit que l'institution de la
propriété des mines par voie de concession, relevait surtout
de l'intérêt public. Le législateur a voulu par ce moyen
assurer au profit de tous, et en tenant compte de la nature
des choses, la mise en valeur et le développement de la richesse minérale, source première de tant d'industries.

Il est incontestable que sous l'empire de la loi du 21 avril
1810, l'industrie des mines a fait en France des progrès
réels, mais des besoins nouveaux réclament des réformes
nouvelles dans la partie de cette loi spéciale aux mines, et
le Gouvernement s'en est déjà préoccupé à juste titre.

Quoi qu'il en soit de l'organisation de la propriété des
mines par voie de concession, les motifs décisifs qui y
avaient conduit, n'existaient pas pour les minières. Ces minières sont le plus souvent en effet des amas, des masses
noires, des poches constituant des gîtes qui se trouvent
quelquefois à un demi-pied, à deux, à quatre au-dessous
de la surface. Elles ne sont pas, en un mot, séparées de la

surface par une épaisseur telle, qu'on ne puisse les considérer comme une dépendance du sol auquel elles adhèrent ; elles n'exigent pas un champ d'exploitation tellement étendu, qu'il y ait incompatibilité radicale de leurs gisements avec les divisions de la surface qui les recouvre ou presque au dessous de laquelle elles sont placées.

Nous avons vu aussi que c'était la nature de la substance exploitable qui déterminait seule dans quelle classe elle se trouvait, peu importe le mode d'exploitation, peu importe même la profondeur plus ou moins grande du gîte. Il y a cependant une exception écrite dans la loi de 1810. Les minerais de fer, dits d'alluvion, considérés comme minières par l'article 3, sont considérés comme mines et se trouvent soumis au régime des concessions, lorsque leur exploitation exige des galeries souterraines. En outre, les minerais de fer en filons ou couches, mis au nombre des mines par l'article 2, deviennent minières du moment que l'exploitation à ciel ouvert est possible, à moins qu'elle ne doive durer que peu d'années, et rende ensuite impossible l'exploitation avec puits et galeries (1).

(1) Loi du 21 avril 1810. Art. 68. « Les propriétaires ou maîtres de forges ou d'usines exploitant les minerais de fer d'alluvion, ne pourront, dans cette exploitation, pousser des travaux réguliers par des galeries souterraines, sans avoir obtenu une concession, avec les formalités et sous les conditions exigées par les articles de la section 1re du titre III et les dispositions du titre IV.

Art. 69. « Il ne pourra être accordé aucune concession pour minerai d'alluvion ou pour des mines en filons ou couches, que dans les cas suivants : 1° Si l'exploitation à ciel ouvert cesse d'être possible, et si l'établissement de puits, galeries et travaux d'art est nécessaire ; — 2° si l'exploitation, quoique possible encore, doit durer peu d'années, et rendre ensuite impossible l'exploitation avec puits et galeries. »

Ces deux articles 68 et 69 n'ont été ni abrogés, ni modifiés par la loi de 1866.

La loi du 9 mai 1866 rend libre, dans la main de ceux qui les possèdent, la propriété des minières et définit les règles qui doivent présider à leur exploitation. En vertu de la loi de 1810, article 57, cette exploitation ne pouvait avoir lieu sans permission, mais dans la pratique on avait admis déjà que, toutes les fois que l'extraction était purement superficielle, une simple déclaration était suffisante; la loi consacre en droit ce qui existait déjà en fait. A l'avenir, une permission ne sera plus nécessaire que lorsque l'exploitation devra être souterraine ; on conçoit que, dans ce cas, il y ait des mesures spéciales à prescrire pour protéger la conservation du gîte minéral et la vie des travailleurs.

Il est dit à l'article 58 que, dans tous les cas, les exploitants seront tenus d'observer les règlements généraux et locaux auxquels est assujettie l'exploitation des minières, et le second paragraphe de ce même article rappelle que les contraventions aux dispositions de l'art. 57 de la loi de 1810 et aux règlements généraux et locaux relatifs aux minières, sont passibles des peines portées par les articles 93 à 96 de ladite loi ; déjà, la jurisprudence avait complété sous ce rapport une lacune que ces articles paraissaient présenter, et on a consacré dans la législation nouvelle sur les minières ce que la jurisprudence avait elle-même décidé.

D'après la loi de 1810, l'exploitation des minières était assujettie à un régime exceptionnel, à un statut *sui generis*, par rapport à la propriété ordinaire; au propriétaire incombait la servitude de faire lui-même ou de laisser faire. D'après la loi nouvelle, la propriété des minières est rendue à elle-même : elle est désormais une propriété de droit commun dans toute l'acception du mot, une propriété dégagée de toute servitude. Le propriétaire du minerai est libre dorénavant d'user ou de ne pas user de ses droits de propriétaire, mais nul ne peut l'y contraindre, nul ne peut entraver sa liberté. L'usinier à fer, libre de son côté de se placer désormais à son gré là où il croira son intérêt industriel assuré, est seul responsable des exigences que peut comporter son usine.

Une *minière*, avons-nous dit, peut être transformée en *mine* par le fait d'une concession. Mais en cette matière le principe étant, qu'en matière de minières, le propriétaire de la surface est propriétaire de tous les dépôts, plus ou moins rapprochés du sol, qui ne s'extraient que par des travaux *réguliers* (1), le respect de la propriété exige que le dessaisissement, dont la surface peut être l'objet par la concession, n'ait lieu que dans des cas de nécessité absolue. L'art. 69 spécifie les cas où l'exploitation de la minière à ciel ouvert n'est plus possible, où son exploitation va compromettre son avenir.

Là seulement, en effet, commence le droit de l'Etat ; dans ces cas prévus par la loi, la minière disparaît pour faire place à la création de la mine qui prend date du jour de la concession. Ces principes expliquent pourquoi l'Etat recule souvent devant *la concession* des mines de fer, et laisse aux propriétaires des minières la jouissance de leurs droits de fouille dans toute la limite du possible. Ces principes expliquent la tolérance née du respect de la pro-

(1) V. pour le sens à donner à cette expression *travaux réguliers* une circulaire du directeur général des mines de France du 30 juin 1810.

priété du sol qui fait qu'on laisse exploiter comme minières
des gîtes qui, situés quelquefois à 60 ou 80 pieds au-dessous de la surface, tombent sous le coup de l'article 68 de
la loi de 1810 (1). Une minière ne fait plus en quelque sorte
partie de la surface lorsque l'alluvion est à une profondeur
aussi grande; mais, dans le doute, le respect pour la propriété l'emporte, et, en pratique, la minière n'est concédée
comme mine que le jour où les nécessités de l'exploitation
et l'avenir de l'extraction l'exigent impérieusement.

On a objecté, lors de la discussion, qu'il pouvait être à
craindre que du moment où la servitude existant sur les
minières serait supprimée, il ne s'établît une entente entre
les propriétaires de ces minières contre les maîtres de
forges. Quoique ce mal soit peu à redouter dans notre situation économique actuelle, on aurait toujours, en pareil

(1) Les rédacteurs de la loi de 1810 ne se sont pas dissimulé les difficultés qu'il y aurait eues à établir une distinction parfaite entre les mines
et les minières. On trouve, en effet, dans la discussion du 10 octobre
1809 (Locré, p. 290 s.), les observations suivantes :

« ... M. le comte de Ségur dit que d'ailleurs on aura des avis contradictoires sur la nature de la chose. On a vu un ingénieur attester qu'un terrain ne devait être exploité qu'en mine, et un autre soutenir qu'on pouvait, pendant une longue suite d'années, l'exploiter sans l'épuiser.

« M. le comte Defermon dit que, depuis la loi de 1791, on a vainement
cherché à faire mieux; qu'il n'y a donc pas de motifs pour changer la
classification que la loi établit.

« M. le comte Berlier pense que les distinctions proposées peuvent être
adoptées ; mais il lui semble qu'on ne pourrait, sans inconvénient, permettre de demander à exploiter comme mine le terrain qui aurait été
d'abord exploité comme minière. Il ne faut laisser exploiter comme mine
que le terrain qui, de sa nature, ne peut l'être autrement. Sans cela on
viendrait déposséder les propriétaires qui exploitent à la surface; et il y
en a beaucoup, surtout dans les départements formés de l'ancienne Bour-
gogne et de l'ancienne Franche-Comté, où le minéral est très abondant... »

cas, la ressource de l'article 419 du Code pénal qui prévoit le cas d'entente frauduleuse et coupable de nature à
opérer la hausse ou la baisse d'une manière abusive.

En résumé, la loi nouvelle par ses dispositions libérales
nous paraît devoir produire de très bons résultats pour
l'exploitation des minières.

# CHAPITRE VIII

## De la surveillance des Mines.

L'idée de surveillance implique naturellement l'idée d'une certaine autorité de la part de celui qui surveille sur celui qui est surveillé. En administration, la surveillance est nécessaire, et les inspecteurs sont utiles, mais en industrie, leur utilité est souvent très contestable. La surveillance établie par le Gouvernement sur une industrie quelconque, tend à devenir la source de tracasseries et d'abus, et par là même est plus nuisible qu'utile.

Aux États-Unis, dans toutes les propriétés privées, chaque propriétaire, maître absolu, peut concéder ou entreprendre lui-même tels travaux de mines qu'il juge convenables. Nul n'intervient dans ces travaux : pas d'autorisation préalable, pas de surveillance. C'est le système de liberté le plus absolu : c'est celui qui existe dans les États anciens de l'Atlantique où il n'y a plus de terres publiques. Il n'y a aucune réserve faite pour les mines d'or et d'argent qui, en Angleterre, sont seules considérées comme mines royales. A cette exception près, le même état de choses existe dans les deux pays. L'industrie des mines est libre comme toute autre industrie, et l'on exploite une mine comme une fabrique de coton, de drap, etc.

L'industrie des mines, bien autrement protégée en France, y est moins prospère, et cependant le corps d'ingénieurs des mines se distingue dans la science.

## SECTION I.

*Du principe de la surveillance des mines.*

Napoléon pressentait les inconvénients qui pourraient résulter de l'établissement d'un corps de surveillants officiels des exploitations de mines. Nous avons vu dans les diverses parties de ce travail l'intérêt qu'il avait apporté à la discussion de la loi des mines; dans le cours de l'année 1809, les événements politiques l'avaient tenu éloigné de ses législateurs, et nous le retrouvons présidant les dernières séances en février et avril 1810 dans la rédaction définitive de la loi spéciale des mines. Il est curieux de suivre ses impressions :

Dans la séance du 3 février 1810 (1) :

« ..... *M. le comte Regnault* dit qu'il faut bien qu'il y ait des règlements et une surveillance, afin que les mines ne dépérissent pas.

*Napoléon* dit qu'il n'en faut point; sur l'exploitation des mines, on doit s'en rapporter à l'intérêt personnel, comme on le fait pour l'exploitation d'un champ.

*M. le comte Regnault* dit qu'il y a cela de particulier, dans l'exploitation des mines, que les exploitants sont obligés de passer sous la propriété d'autrui; que, dès lors, il devient nécessaire de leur imposer des conditions et de veiller à ce que ces conditions soient accomplies.

*Napoléon* dit que les légers inconvénients que la section prévoit doivent céder à ce grand principe constitutif

(1) V. Locré, pag. 402.

de la propriété, que le propriétaire a le droit d'user et d'abuser de sa chose.

Si l'exploitation des mines est libre en Angleterre, pourquoi ne le serait-elle pas en France?

*M. le comte Regnault* dit qu'en Angleterre, les mines sont des propriétés faites et dont les limites sont depuis longtemps déterminées; qu'en conséquence, elles ne peuvent devenir l'objet de contestations. Un jour il en sera de même en France, mais il faut traverser l'intervalle qui nous sépare de cette époque.

*Napoléon* dit que, dans tous les temps, il y aura des contestations.

Au reste, *Napoléon* aime mieux laisser agir l'intérêt personnel que d'établir la surveillance des ingénieurs. C'est un grand défaut dans un gouvernement que de vouloir être trop père. A force de sollicitude, il ruine et la liberté et la propriété..... »

Dans la même séance, l'Empereur s'enquiert avec soin de ce qui se passe, dans les pays voisins, au sujet de la question des mines. Il demande au comte Regnault de Saint-Jean-d'Angély si, en Angleterre, les ingénieurs interviennent dans l'exploitation des mines. — Non, lui est-il répondu, en Angleterre il n'y a pas d'ingénieurs. — Puisque les mines de l'Angleterre prospèrent, reprend Napoléon, cet exemple prouve que les ingénieurs ne sont utiles que comme gens de l'art. On ne peut les faire intervenir dans l'administration, on effraierait les propriétaires.

M. le comte Regnault reprend qu'il ne s'agit de les employer que sous le rapport de l'art.

Napoléon dit qu'il n'y a plus d'inconvénient, mais qu'il s'opposerait à ce qu'on donnât aux ingénieurs des fonctions d'inspecteur (1).

M. le comte Regnault, faisant observer à la fin de la séance que toutes les fois qu'il y aurait des visites ou des vérifications à faire, les visites et vérifications seraient nécessairement faites par les agents des mines, Napoléon reprend que le tribunal les fera faire par qui il voudra : par un ancien ouvrier, par un ancien exploitant, enfin par l'homme auquel il croira devoir accorder sa confiance. Il veut qu'on exprime bien que les agents des mines ne peuvent intervenir que sous le rapport de l'art, et point du tout sous celui de l'administration. Il serait absurde, dit-il, de souffrir que de petits ingénieurs, qui n'ont rien que la théorie, vinssent maîtriser des gens expérimentés et qui exploitent leur propre chose. A force de multiplier les entraves, on fait marcher la France à grands pas vers la tyrannie... »

L'Exposé de motifs de la loi fut le reflet des idées émises par l'Empereur.

« L'action de l'administration sur les mines, y lit-on, est réduite aux plus simples termes; elle est renfermée dans le strict besoin de la société.

» Le corps des ingénieurs des mines, dont l'organisation définitive suivra nécessairement de près la publication de cette loi, portera partout des lumières et des conseils, sans imposer de lois, sans exercer aucune

(1) Locré, pag. 400.

contrainte sur la direction des travaux. Ils n'auront d'action que pour prévenir les dangers, pourvoir à la conservation des édifices, à la sûreté des individus. Ils éclaireront les propriétaires et l'administration; ils rechercheront les faits, les constateront et ne statueront jamais.

» Ce droit est réservé aux tribunaux et à l'administration. Il est réservé aux tribunaux dans tous les cas de contraventions aux lois, eux seuls peuvent prononcer des condamnations. Il est réservé à l'administration, si la sûreté publique est compromise, ou si les exploitations restreintes, mal dirigées, suspendues, laissent des craintes sur les besoins des consommateurs... »

SECTION II.

Surveillance de police.

Nous trouvons en effet par l'étude du texte un double but à la surveillance de l'administration sur les mines: cette surveillance est établie dans l'intérêt de la production comme nous l'avons déjà vu (page 85), et elle est établie en outre dans l'intérêt de la police. C'est de cette espèce de surveillance qu'il est question dans ce chapitre. Elle est organisée par les articles 17, 48 et 50 de la loi de 1810, par un décret du 3 janvier 1813 et par une ordonnance du 26 mars 1843.

## § 1. — Surveillance préventive.

Il résulte de la comparaison de ces divers textes que la surveillance de police exercée sur les mines par l'administration est préventive ou répressive. Elle est préventive dans les cas prévus par l'article 50 de la loi de 1810, par exemple. Dans les cas énumérés par cet article, les concessionnaires doivent avertir l'ingénieur des mines et le maire de la commune où l'exploitation est située. L'ingénieur, ou pour lui le garde-mines se rend sur les lieux, dresse procès-verbal et le transmet au préfet avec ses observations sur la marche à suivre pour obvier aux accidents à craindre. Le maire adresse aussi son rapport au préfet, et celui-ci, après avoir entendu le propriétaire de la mine, ordonne les mesures de sûreté qu'il juge convenables. Le concessionnaire est obligé de s'y soumettre, sinon il est pourvu à l'exécution des mesures ordonnées, à ses frais, par les soins de l'administration des mines.

L'extension que la pratique a donnée aux attributions des préfets et des ingénieurs en ces matières nous a fait toucher l'écueil que le législateur redoutait dans la discussion du titre de la surveillance des mines. Ainsi l'exploitant qui veut ouvrir un champ d'exploitation ne peut se dispenser d'en référer au préfet, pour n'avoir pas à craindre plus tard la contradiction des mesures qu'il aurait prises *proprio motu*.

Si le préfet refusait l'ouverture d'un champ d'exploitation, le concessionnaire mécontent pourrait se pourvoir contre l'arrêté, et dans ce cas le pourvoi serait formé devant le ministre des travaux publics. Il ne s'agit ici, en effet, que de l'exécution de l'acte de concession qui a été confiée par le ministre au préfet.

Les pouvoirs du préfet en cette matière sont si étendus qu'ils l'autorisent dans des cas particuliers à ordonner la fermeture de la mine, la fermeture des travaux. S'il y a contestation, trois experts sont nommés, un par l'exploitant, un par le juge de paix et un troisième par le préfet. On procède à la vérification des lieux avec l'ingénieur et un membre du Conseil d'arrondissement, et le ministre des travaux publics prononce, sauf recours au Conseil d'État par la voie contentieuse, sur l'avis du préfet et sur le rapport du directeur général des mines.

Si le péril qu'il s'agit de conjurer était imminent, l'ingénieur prendrait l'initiative, et sans attendre l'arrêté du préfet, il ordonnerait immédiatement les travaux qu'il croirait nécessaires. La loi lui en a laissé le droit.

### § 2. — Surveillance répressive.

Les articles 11 et suivants du décret du 3 janvier 1813 s'appliquent à la police répressive.

En cas d'accident survenu dans une mine par une cause quelconque, s'il y a eu mort d'homme ou blessures graves occasionnées, ou bien s'il y a péril imminent, l'ingénieur et le maire de la commune doivent être l'un et l'autre avertis; procès-verbal de l'accident est dressé par ces fonctionnaires ou par leurs représentants et transmis aussitôt

qux sous-préfets et aux procureurs impériaux. Des mesures urgentes peuvent être prises, des réquisitions ordonnées et des exploitants voisins mis à contribution, sauf indemnité. S'il y avait impossibilité de retrouver les cadavres
de personnes mortes dans un accident de mines, cette
circonstance serait rapportée dans le procès-verbal et ce
procès-verbal annexé au registre de l'état civil. Dans le cas
où les corps pourraient être représentés, l'inhumation ne
pourrait en avoir lieu qu'après la rédaction du procès-
verbal.

Le décret de 1813 met à la charge des exploitants, par
son article 20, les secours à donner aux blessés. Mais cela
n'exclut pas le droit pour le ministère public de les traduire devant les tribunaux, s'il y a lieu à application des
articles 319 et 320 du Code pénal. La jurisprudence se
montre même sévère à cet égard. Il a été jugé que l'exploitant, propriétaire ou directeur d'une mine, répond pé-
nalement et civilement des accidents causés par sa faute
aux ouvriers qu'il emploie, aussi bien lorsque ces accidents sont dus à sa maladresse, imprudence, négligence ou
inattention dans la direction des travaux, que lorsqu'ils
ont pour cause un fait d'inexécution des mesures de police
prescrites par les règlements, et que le décret du 3 janvier 1813, en ne rappelant dans son article 22 que ce dernier cas de responsabilité, n'a pas entendu exclure les autres (1).

(1) Dalloz, 1865, 1, 399. Affaire Bardon. — Voyez aussi Riom, 21 février
1866, Andraud contre Lacretelle. — Riom, 28 mai 1866, Joubet contre
Lacretelle.

## SECTION III.

*Obligations imposées aux concessionnaires dans le but*
*de faciliter la surveillance de l'Administration.*

Certaines obligations générales sont imposées aux exploitants pour faciliter l'exercice de toutes les mesures de surveillance et de police (1). Tout concessionnaire est tenu d'élire un domicile administratif qu'il fait connaître par une déclaration adressée au préfet. Si la propriété de la mine passe en d'autres mains, la même obligation incombe au nouveau propriétaire.

On peut se demander si dans le cas où une mine est exploitée par une Société commerciale, ayant un siége social déterminé et des établissements multiples, on ne doit pas voir dans chacun de ces établissements des domiciles distincts. La Cour de Dijon appelée à se prononcer sur cette question avait décidé l'affirmative par un arrêt du 20 novembre 1865. Cet arrêt a été confirmé par arrêt de la Cour de cassation du 17 avril 1866, rendu sous la présidence de M. Bonjean. Cette solution, conforme d'ailleurs aux principes, est favorable aux intérêts des particuliers, qui ne pourraient que difficilement faire valoir leurs droits contre les Compagnies de mines ayant plusieurs établissements, s'ils étaient dans toutes les circonstances astreints à les assigner au siége de leur domicile social, seul considéré comme attributif de juridiction.

(1) C. Pr. Ordonnance du 18 avril 1842 et décret de 1813.

Un registre spécial dont la représentation peut toujours être demandée est tenu dans chaque mine : il est toujours accompagné d'un plan indiquant la marche progressive des travaux. C'est sur ce registre que l'ingénieur des mines écrit le procès-verbal de ses visites et ses observations et instructions techniques sur la direction des travaux. Les articles 15 et 16 du décret de 1813 imposent encore aux concessionnaires certaines précautions spéciales pour assurer les secours médicaux dans les exploitations importantes.

Les contraventions aux lois et règlements sur les mines sont jugées par les tribunaux correctionnels. Elles seront dénoncées et constatées, dit l'article 93 de la loi de 1810, comme en matière de voirie et de police. En conséquence, les procès-verbaux dressés par les maires ou adjoints, les commissaires de police, les ingénieurs des mines, les conducteurs et gardes-mines doivent être affirmés dans les trois jours devant le juge de paix ou le maire de la commune. Les procès-verbaux dressés par la gendarmerie sont dispensés de l'affirmation par une loi du 17 juillet 1856.

On avait proposé, dans le cours de la discussion de la loi de 1810, d'accorder aux procès-verbaux des ingénieurs le privilège de faire foi jusqu'à inscription de faux, mais cette proposition a été rejetée. Les originaux des procès-verbaux sont adressés aux officiers du ministère public, qui sont tenus de poursuivre d'office, sans préjudice des réparations civiles qui pourront être demandées par les parties lésées.

# CHAPITRE IX

## Des Expertises.

Dans un grand nombre de cas il peut y avoir lieu dans les contestations nées de l'exploitation des mines et minières à des expertises. La loi renvoie pour tous ces cas aux dispositions du Code de procédure civile.

« Dans tous les cas prévus par la présente loi, dit l'article 87, et autres naissant de circonstances où il y aura lieu à expertise, les dispositions du titre xiv du Code de procédure, articles 303 à 323, seront exécutées. »

Il suit de là que les irrégularités qui peuvent être commises dans le cours d'une de ces expertises, par l'inobservation de quelqu'une des prescriptions du Code de procédure civile, sont susceptibles d'être couvertes par l'acquiescement ou le défaut de protestation des intéressés, comme elles peuvent l'être en matière civile.

Il ne sera pas nécessaire (article 315) que les parties soient présentes à la prestation de serment des experts, mais lorsqu'elles n'auront pas assisté à l'indication du jour de leurs opérations, elles devront être sommées de se trouver aux jour, lieu et heure indiqués par les experts pour commencer leurs opérations (1). Cependant si une

(1) Voyez ord. du 21 Juillet 1833, *Annales des Mines*, t. viii, p. 602.

partie avait assisté sans protestation aux opérations d'une expertise ordonnée en matière de mines, elle ne serait pas recevable à se plaindre ensuite de ce qu'elle n'aurait pas été régulièrement sommée d'y assister (1).

Les experts doivent être choisis parmi les hommes spéciaux et expérimentés dans le fait des mines et de leurs travaux. Les plans ne peuvent jamais être admis comme pièces probantes, s'ils n'ont été levés ou vérifiés par un ingénieur. La consignation des sommes nécessaires pour subvenir aux frais, peut être ordonnée contre celui qui poursuit l'expertise. Les ingénieurs de mines choisis pour experts n'ont pas droit à des honoraires, lorsque leurs opérations ont été faites soit dans l'intérêt de l'administration, soit à raison de la surveillance et de la police publiques.

Enfin, d'après l'article 89, le procureur impérial sera toujours entendu et donnera ses conclusions sur le rapport des experts. Il sera mis ainsi à même de vérifier s'il n'y a pas été commis de contravention donnant lieu à poursuite.

(1) Conseil d'État, 22 mars 1866.

# PROPOSITIONS

---

## Droit Romain.

### I.

Il est permis à l'usufruitier de rechercher des mines dans le fonds dont il a l'usufruit.

### II.

Il est défendu de pousser des travaux de mines sous des édifices.

### III.

Celui qui a trouvé une mine dans son fonds peut en poursuivre l'exploitation sous le fonds d'un propriétaire voisin, si celui-ci ne l'exploite pas lui-même.

### IV.

Il n'y a pas antinomie entre la loi 1 et la loi 5 au Code *De metallariis et metallis.*

## Droit Français.

### DROIT CIVIL.

### I.

Avant la concession, la mine n'appartient pas au propriétaire du sol.

## II.

Le produit des recherches n'appartient pas au propriétaire du sol.

## III.

L'article 11 de la loi de 1810 suppose que les terrains attenant aux habitations et enclos appartiennent au propriétaire de ces habitations et de ces enclos.

## IV.

Les articles 43 et 44 de la loi de 1810 ne règlent pas les indemnités qui sont dues pour dégâts occasionnés à la surface par des travaux intérieurs.

## V.

Le propriétaire d'une mine ne peut pas user du droit d'occuper les terrains de la surface pour s'approprier la terre de la surface et l'employer pour l'utilité de la mine, s'il n'y a pas eu de conventions spéciales à cet effet avec le superficiaire.

## VI.

Le propriétaire de la surface ne peut pas contraindre le permissionnaire de recherches à acheter les terrains dégradés par les travaux d'exploration.

## VII.

Les sociétés formées pour l'exploitation des mines sont toujours civiles, à moins que le contraire ne soit formellement exprimé.

## VIII.

Le concessionnaire peut s'opposer aux travaux du propriétaire de la surface, lorsque ces travaux sont d'une nature telle qu'il n'a pas pu raisonnablement les prévoir au moment de la concession.

## IX.

La redevance n'est pas susceptible d'une hypothèque distincte de celle qui grève la surface.

## X.

Le paiement de la redevance n'est pas garanti par un privilége sur la mine.

## XI.

L'autorité judiciaire est compétente pour décider si telle substance donnée est concessible.

### DROIT CRIMINEL.

## I.

La détention prononcée par l'article 96 de la loi du 21 avril 1810 n'est applicable qu'en cas de récidive.

## II.

Les contraventions en matière de mines sont punissables indépendamment de l'intention de leur auteur.

## III.

Les poursuites pour contraventions aux lois et réglements sur les mines se prescrivent par trois mois, à compter du jour de la constatation.

### DROIT ADMINISTRATIF.

#### I.

Les tribunaux judiciaires ne sont pas compétents pour connaître d'une action en dommages-intérêts contre une compagnie de chemin de fer à raison de l'interdiction faite par un arrêté préfectoral, dans un intérêt de sécurité publique, d'exploiter la mine sous le chemin et dans un espace déterminé de chaque côté de ce chemin.

#### II.

Il n'est pas dû de dommages-intérêts par une compagnie concessionnaire de chemin de fer à des concessionnaires de mines, à raison de l'interdiction faite par un arrêté préfectoral, dans un intérêt public, d'exploiter la mine sous le chemin de fer construit à ciel ouvert, et dans un espace déterminé de chaque côté du chemin.

#### III.

Le Conseil de préfecture est compétent pour fixer l'indemnité due au propriétaire du sol par un permissionnaire de recherches.

Vu :

*Le Doyen délégué,*

SERRIGNY.

Permis d'imprimer :

*Le Recteur,*

L. MONTY.

# TABLE

Imp. E. Jobard.

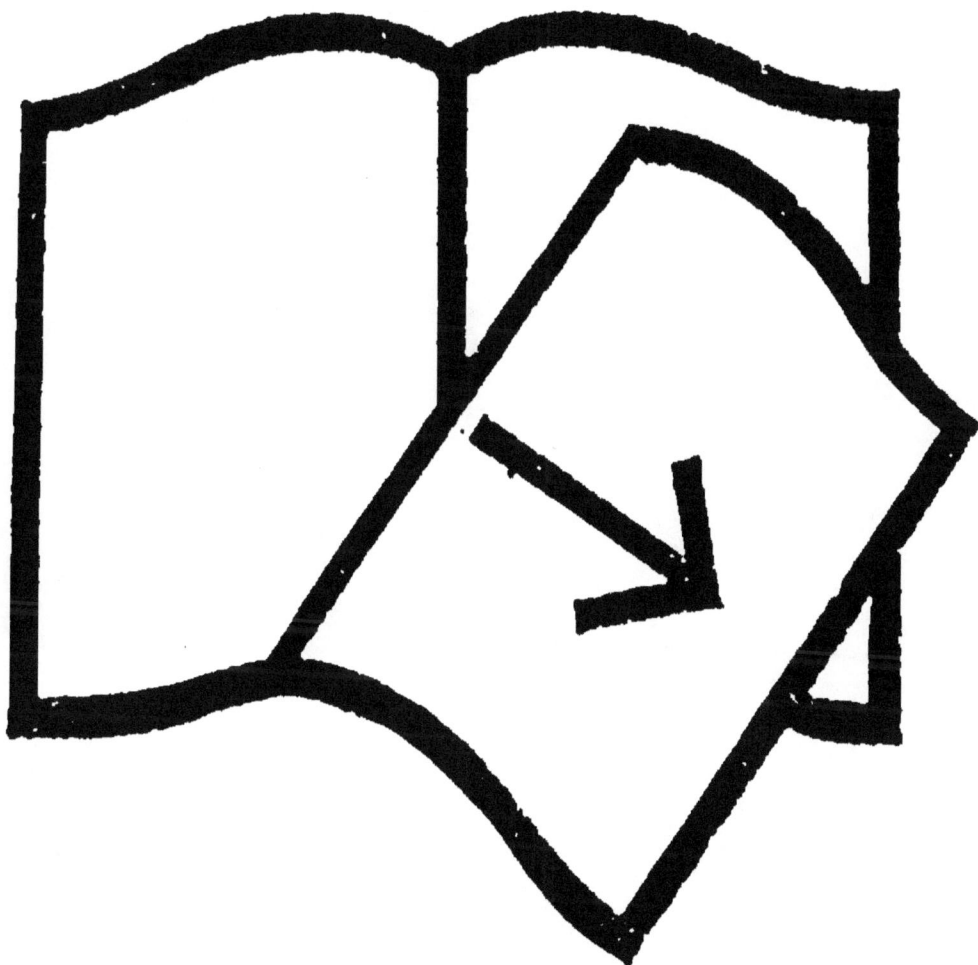

Documents manquants (pages, cahiers...)

NF Z 43·120·13

www.ingramcontent.com/pod-product-compliance
Lightning Source LLC
Chambersburg PA
CBHW071958090426
42740CB00011B/1997